U0500538

第57批中国博士后科学基金面上资助成果（2015M571352）

BEI HANJIAN SUOJIAN JINGJILEI WENSHU JIJIE

北汉简所见经济类文书

辑解

武航宇 ● 著

知识产权出版社

全国百佳图书出版单位

图书在版编目（CIP）数据

西北汉简所见经济类文书辑解／武航宇著．—北京：知识产权出版社，2018.11

ISBN 978－7－5130－5530－7

Ⅰ.①西… Ⅱ.①武… Ⅲ.①简（考古）—研究—中国—汉代 ②契约法—研究—中国—汉代 Ⅳ.①K877.54 ②D923.62

中国版本图书馆 CIP 数据核字（2018）第 074462 号

责任编辑：唱学静　　　　　　　　　　责任校对：谷　洋

封面设计：SUN 工作室　韩建文　　　　责任印制：孙婷婷

西北汉简所见经济类文书辑解

武航宇　著

出版发行：知识产权出版社 有限责任公司	网　　址：http：//www. ipph. cn
社　　址：北京市海淀区气象路 50 号院	邮　　编：100081
责编电话：010－82000860 转 8112	责编邮箱：ruixue604@163. com
发行电话：010－82000860 转 8101/8102	发行传真：010－82000893/82005070/82000270
印　　刷：北京虎彩文化传播有限公司	经　　销：各大网上书店、新华书店及相关专业书店
开　　本：700mm×1000mm　1/16	印　　张：9.75
版　　次：2018 年 11 月第 1 版	印　　次：2018 年 11 月第 1 次印刷
字　　数：130 千字	定　　价：48.00 元

ISBN 978－7－5130－5530－7

作者简介

　　武航宇，吉林通榆人，法学博士，中国史博士后；沈阳师范大学法学院副教授，硕士研究生导师，院长助理，理论法学系主任，法律文化研究中心研究人员；《法律文化论丛》编辑；辽宁省法治文化研究会秘书长兼常务理事，辽宁省法理学研究会理事，辽宁省宪法学与行政法学研究会理事。主要研究方向为法律史、法律文化。

　　在法律出版社出版著作《古中国与古罗马契约观念及实践的比较研究》，在吉林文史出版社出版著作《元、明、清前期中国北方少数民族法律汇编与研究》，在《法学家》《法制与社会发展》《当代法学》《河北法学》等核心期刊发表学术论文17篇，其中3篇被中国人民大学《复印报刊资料》转载。

　　主持国家社科基金一般项目、司法部青年项目、中国博士后基金面上资助、辽宁省社科基金一般项目，辽宁省教育厅项目、辽宁省法学会重点项目各1项。

　　曾获辽宁省教育软件大赛高等教育组二等奖、三等奖各1次。获得辽宁省法学会"系统先进个人"荣誉称号2次。

凡例与说明

一、书中收录的简牍释文，基本遵循现有文书格式。其中：

1. ⊘，表示简牍残断；

2. □，表示简牍上此处一个字不可释；

3. ……，表示简牍上此处有许多字不可释；

4. ■，表示简牍上此处有黑方框；

5. 〔，表示原简右缺；

6. 〕，表示原简左缺；

7. ↓，表示原字有垂笔；

8. ‖，简文较长，释文需分为两行或两行以上时，在上行末加"‖"，表示与下行文字连接；

9. 回，封泥槽；

10. ▨，表示简牍上此处有花头。

二、简牍正反面有文字者，标以 A、B。多面有字者，以 A、B、C……标示。

三、原简中的各种符号，如"V""·""＝""Δ""●""」""卩"等，皆照录，并稍加规范，使之统一。

目　录

引　言

　　19 世纪以来，西北地区出土了相当数量的汉代简牍（以下简称汉简），主要有居延汉简、敦煌汉简、悬泉汉简、肩水金关汉简等，这些汉简成为学界研究汉代社会政治、生活的一手资料。

　　汉代是继秦代之后的第二个中央集权的统一王朝，其思想较之秦代有较大变化，法律思想方面除继承秦律的规范性之外，更加入了道德层面的圆融与变通。经济类文书是社会政治、经济生活的载体，深受当时法律思想的影响，因此，其内容兼具法律和道德的意义。同时，经济类文书实例中也包含各种价值及价值间的冲突与妥协，这对深入研究其中价值的发展、转化具有重要意义。

　　西北汉简中的经济类文书包括买卖文书、赁买卖文书、借贷文书、庸成文书、取予文书、通关文书等，粗略记载了当时西北地区经济生活的样貌，反映了政治对于经济生活之影响。其中买卖文书、借贷文书、庸成文书、取予文书较多地反映了当时的契约观念与制度，通关文书更多地反映了国家对于经济生活的管控方式与策略。

　　研究西北汉简中与契约有关的文书，有利于更深入了解中国古代的契约法。中国契约法在几千年的历史发展中，包含不同的契约观念与制度，这些观念与制度是不同且可能相互抵触的。这些冲突妨碍了对于传统契约内涵与价值的探讨和理解。所以，为了探究其根源，更好地分析契约观念与制度，汉代是一个有益的起点。

　　研究西北汉简中通关文书，可以了解通关过程中"檄"对于经济活动的影响，以及西北边地"私市"的规则，它们更加生动地反映当时的经济活动景况，这对于研究国家干预与控制经济非常有帮助。

第一章　买卖文书辑解

　　西北汉简中的买卖文书有近三百条，相较其他类型文书而言所占比重较大。按标的物种类划分，有动产买卖文书和不动产买卖文书两种，总体上动产买卖文书占多数，这些动产多数是丝织品或衣物，还有土地、牛、羊、鱼、脂等，都是与民间生活息息相关的物品。从买卖文书的要素来看，大部分文书的内容简单，只包含买卖的地点、主体和标的物三个要素；有的文书内容充实，还包含详细的买卖时间、买卖主体的详细身份、具体的标的物种类和数量、价款等要素，是典型的买卖契约文书；有的文书还包含买卖的保证条款。所以，仔细分析这部分买卖文书，有利于寻求契约发展中的一些共性。

　　从这部分买卖文书中可以看出，在汉代西北地区的动产买卖的实践中，相关的制度与理念在不断地制定和践行。频繁的买卖形成"公正"与合意的理念，当时的人们虽然没有将之理论化，但是将这些理念在具体的买卖中不断实践，其目的是保障动产买卖的顺利实施。

　　另外，买卖过程蕴含着明确的"私权意识"。为了保障"私权"不受侵害，在买卖的实践过程中，当事人会约定一些预防性的保障条款。

　　当然，国家也参与买卖活动，并且以公权力在后台保障"契约实践"的顺利进行。

第一节　《居延汉简释文合校》中买卖文书辑解

《居延汉简释文合校》[①] 收录的 76 条买卖文书中，均有清晰地"出钱""出菱"，买某物或者卖某物等语，个别简文中出现了当事人的姓名、住所、职位等详细信息，从这些买卖文书中可以初步了解边塞地区的买卖交易特点以及买卖文书的必备要素。

1. 出钱买。（3·5）

2. 出菱四百束，不侵□长主忠买。（4·30），（4·32）

3. 出钱九百，买弓擿□。（11·12）

4. ☑□昌里魏买字伟君故为公佰君作今为□□作。（15·7A）

5. 建昭二年闰月丙戌，甲渠令史董子方买鄣卒□威裘一领，直七百五十，约至春钱毕已。旁人，杜君隽。（26·1）

6. 建始二年十一月癸巳，居延千人令史□则校系甲渠第廿三。名籍——编敢言之。（28·21A）

7. 买葱卅束束四钱给社。（32·16）

8. 出其卅六，买麻，□□爨卒□□□百十五□□出其八封补革未卒□□□出其八买享。（37·37）

9. ☑收得□□四年，充不在买得□问卒□十月□□□□☑□□□□□□。（40·25）

10. 第卅四卒吕护买布复袍一领直四百，又从鄣卒李忠买皁布☑。（49·10）

11. 买十束。（51·24A）

---

① 居延汉简是我国汉代张掖郡和肩水两都尉的行政文书档案，其中一部分简牍记载了西北地区边塞经济状况，包括戍卒之间、戍卒与官府之间的经济往来。《居延汉简释文合校》记载的是1930 年在居延地区出土的文书。

12. ☑买十月癸未，佐宗付。（53·11）

13. 出钱六十，买槧二百。（55·5）

14. 买勳一斗。（59·12）

15. ☑买牛。（59·26）

16. ☑诣官封符为社市买马☑。（63·34）

17. ☑□五，买布二☑。（76·36）

18. ▨吏买茭剌。（84·6B）

19. 本始元年七月庚寅朔甲寅，楼里陈长子卖官绮，柘里黄子公贾八十。（91·1）

20. 月□一成□泉橐私去署买□□。（95·9）

21. 出钱六百，第四隧长安世。（101·19）

22. 熹叩头叩头言□□足下日相见言敢意因道□熹欲买羊☑。（103·46A☑）

23. ☑买衣物令史吏所。（104·21）

24. ☑昭三年五月中，卖牛一肩水金关☑。（116·1）

25. ☑就钱□百□出。（116·46）

26. 谓□卖弦人□□史□☑。（127·32）

27. 出钱百七十，买脂十斤。（133·10）

28. 阜布二匹直□百□，直千二百。（139·32）

29. □□长二丈二尺，直千六百钱具曼□用乃予之。（140·1B）

30. 出钱卅，买茭廿束。（140·18B）

31. 受叩头言子丽足下□白过客五人□不□叩头叩头，谨因言子丽幸许为卖材至今未得蒙恩受幸，叩头材贾三百唯子丽□□决卖之今霍回又迁去唯子丽□□□。（142·28A）

32. 必为急卖之子丽校□□□□必赐明教，叩头甚幸甚幸谨□□□。奉钱再拜子丽足下钱当□节□张君长。（142·28B）

33. 入卖□钱，百八十☑。（146·74）

34. ☑阜一丈六尺，直千九百☑。（156·34）

35. 卖缣一直钱八百，约至□☑。（163·3）

36. 粟一石，直百一十。（167·2）

37. 三楪□长三丈三尺以直钱三百五十☑。（168·10）

38. ☑钱十一万三千五百八十六，其十一万四百卅四调钱，二百九十库所买，直二千八百六十二，赵丹所买帛六匹直。（168·13）

39. 元延二年七月乙酉，居延令尚丞忠移过所县道河津关，遣亭长王丰以诏书买骑马，酒泉敦煌张掖郡中当舍传舍从者如律令/守令史谞佐褒七月丁亥出。（170·3A）

40. ☑买马牛持刀剑☑。（171·9）

41. □钱三百七十五●凡四百五肉十斤直卅，除□□钱二百四取以当□买谷直百。（173·8A），（198·11A）

42. ☑出九十六平贾。（180·13）

43. 毕已，知券任者第六□卒☑。（184·3）

44. 十石以买练一匹，至十月中不□予毋房练丈□尺☑。（185·15），（217·10）

45. ☑买白素一丈，直二百五十凡九百七十九。（214·27）

46. 吞远隧卒夏收，自言责代胡隧长张赦之，赦之买收缣一丈，直钱三百六十。（217·15），（217·19）

47. ☑一千一百六十受缣五匹，卖雠匹三百。（221·19）

48. ☑何毋穷大黄金为物遗平即价流通不☑。（225·42）

49. □弓五月乙卯尉史凤付土吏阎卿买羊。（226·21），（350·13）

50. 出钱百一十七，七月己巳买☑。（226·24）

51. ☑以令买矢☑。（228·5）

52. 出钱千三百卅，买胶廿三斤。（229·8）

53. 出钱二百五十，买☑。（237·2）

54. 凡直六十六。（237·8）

55. ☑佐博受☑卖酒二石。（237·9）

56. 买箸五十只。（237·27）

57. 入运麦钱，千一百一十四买☑。（237·33）

58. 二月壬寅买脂五十斤，斤八十☑。（237·46）

59. 三尺五寸蒲复席青布缘二，直三百，六月戊戌令史安世Ｖ充Ｖ，延年共买杜军所。（267·7）

60. 入钱六百，☑长☑☑☑月乙酉佐博卖茭二束，魏郡候国令史马谷所直。（269·6）

61. 第十八☑长成买奴。（283·11）

62. ☑孙☑买茭钱。（284·23）

63. ☑百八月甲子，买赤白缯蓬一完。（284·24）

64. 中不审日，殄卒周利谓镇曰令史扈卿，买我皁袍儋偷。（285·19）

65. 入布二百九十五匹，出一匹库买钱见。（286·20）

66. ☑☑☑☑☑券今所☑。（317·8）

67. 建始☑年正月十七日，候官☑卖绤复襦一两☑，二月三日毕。（326·20A）

卒☑方取☑。（326·20B）

68. 七月丙子买大☑。（339·38）

69. 七月壬戌买☑。（350·52）

70. 四月庚子，买练五尺半治剑衣裹。（407·22），（565·22）

71. 出羊一头，大母子程从君买贾泉九百。出羊一头，大母子程从君买贾泉九百，桼十五。出羊一头，大母勒君兄买贾泉千。出羊一头，大母君臣去时与臣相用☑伯通今子程买贾泉千。（413·6A）

72. 建平五年八月戊☑，☑☑☑广明乡啬夫宏假佐玄敢言之，善居里男子丘张自言与家买田，居延都亭部欲取检，谨案张等更赋皆给当得，取检谒移居延，如律令敢言之。（505·37A）

73. ☑十七买☑三百六十。（520·17）

74. ☑置长乐里乐奴，田卅五□贾钱九百钱，毕已，丈田即不足计□数环钱。旁人淳于次孺、王充、郑少卿，古酒旁二斗，皆饮之。(557·4)

75. ☑□买钱千，县官即取它知□☑。(577·4)

76. 六月甲辰，佐博卖茭一束☑。(586·2)

第二节　《居延新简释校》中买卖文书辑解

《居延新简释校》①收录的 51 条关于买卖的文书，内容更加完整，买卖的基本要素基本具备。大多数文书中有买卖双方的职务、姓名等详细信息，有标的物的简单描述，有价款的数额。有的文书中还明确记载了交易的场所、买卖标的物的目的、其他约定事项等。通过具体的买卖文书分析，可以初步了解西北边疆地区的民事交易习惯。

1. ☑恩买布一匹直四百以上，复买白缣二☑□□。(E. P. T8·25)

2. 阳又卖同隧卒莱意官袭绮，遮虏季游君所，直千六百五☑。(E. P. T11·3)

3. ☑李卂官袍一领，直钱千二百未☑。(E. P. T16·11)

4. 马泉五千九百出泉钱，付令史良出泉千，付故武贤□长杜买出泉千，付殄北□长郓诩出泉千，付□史徐严奉。(E. P. T40·11A)

出泉二百捉万岁士吏，冯晏奉出泉千，士吏陈褒赋故高沙□长□宣。(E. P. T40·11B)

5. ☑盈积善当卖之谒不言。(E. P. T40·56)

6. ☑在宫舍请以新所作□□士吏匡之市，买□前所卖篋笥直皆遗匡。(E. P. T40·74)

7. 掾寻前付建二笥，付尉史宫，卖□□篋二直三斛二斗，凡少六

---

① 《居延新简释校》整理了 1972～1976 年出土的居延汉简，并进行了校释。

升粟，部置移簿教卩。（E. P. T40·152）

8. ☑候长夏侯放，买☑。（E. P. T40·158）

9. 出钱百八，买脂六斤 = □☑。（E. P. T40·163）

10. ☑当曲□长法业□卖□□□。（E. P. T40·174B）

11. ☑卒沐恽自言买☑。（E. P. T43·81）

12. 十一月十五日，为记邑中夏君壮多问少平溓食如常人马起居得毋有它↓今自买鱼得二千二百䅘十头，付子阳与子阳将车入粟十三石，牛食豆四石栓西垣乘轴一付。（E. P. T44·5）

13. ☑□叩头，张孝良☑买鱼家中皆。（E. P. T49·40B）

14. 言不愈冬不作襜无缁帬襦川空败买后不知洗沐多汗。（E. P. T49·48A）

15. □□□田三顷庐舍直百五☑，长陵卖中溉田廿顷庐舍直四百☑，溉中田卅顷庐舍直二百万☑。（E. P. T50·33A）

16. ［建始三年三月十九日士吏孙卿，买郭卒□□□□钱□□。（E. P. T51·231）

17. ☑自言五月中富昌□卒高青为富卖皁袍一领，直千九百甲渠。☑令史单子巽所。（E. P. T51·314）

18. □□为买牛革一，贾钱三百其☑。（E. P. T51·326）

19. ☑卖絮三橐，直百五十。（E. P. T51·414）

20. ●建始二年三月丙午，社卖买☑。（E. P. T51·424）

21. ☑官袍一领，见□□□□☑官□二两，愿□见□□□□钱六百☑，☑官□一两见□□□☑卖五百☑。（E. P. T51·507）

22. ☑市券一先证财物故不以实。（E. P. T51·509）

23. ☑卅，买绅□绮十三☑。（E. P. T51·689）

24. 猥田以铁器为本，北边郡毋铁官印器，内郡令郡以时博卖予细民，毋令豪富吏民得多取贩卖细民。（E. P. T52·15）

25. 为苏长买练六□市记☑为靳奴买布六尺□。（E. P. T52·112）

26. ☑月乙卯鉼庭部士吏奉敢言之，谨移卒自责卖编敢言之。（E. P. T52·175）

27. ☑有官稍入茭二千七百束，尉骏买二千束。（E. P. T52·177）

28. ☑十月奉用钱六百五百，买□百十一月□□取☑。（E. P. T52·273）

29. ☑□□□□袍袭皆得毋见，衣财见自买毋见，衣袍未得☑。（E. P. T52·274）

30. 出钱二百，买木一长八尺五寸大四韦以治罢卒籍令史护买☑。（E. P. T52·277）

31. 买□三□□□□，买☑官予夏衣如□☑，直五百六十万五千一百□□。（E. P. T52·330）

32. ☑买□卒庄护皂襦一领，直九百☑。（E. P. T52·387）

33. 甲渠候长殷买许子方桶□，买肩水尉丞程卿牛一，直钱三千五百，已入五百少三千，烦愿□□。（E. P. T53·73）

34. ☑贾而卖，而不言证财物，故不以实，臧二百五☑。（E. P. T54·9）

35. □□□百四凡钱……卩六百廿十候长□□□自取四百六十一□□。

□□□隧长□□□自取十六□□□不侵□长□四百钱付□□。

其二百候长充□□见二千。（E. P. T56·89）

36. 蔡良买袭一领，直九百，布绔一两，直四百凡千三百。（E. P. T53·3A）

出三百偿第八卒邓外今余见千↓。（E. P. T53·3B）

37. 第卅卒邓耐卖皂复绔一两，直七百，第卅□长淳于☑。（E. P. T57·57）

38. 甲沟☑□自言责三十井谷口候长王禁三年三月中买。（E. P. T61·4）

39. 光交钱买卒冯自为袍一领，直千一百，光不买赐袍。（E. P. T59·31）

40. 枚缣素上贾一匹，直小泉七百枚，其马牛各且倍，平及诸万物可皆倍，牺和折威侯匡等所为平贾夫贵者征贱物，皆集聚于常安城中，亦自为极贱矣县官市买于民＝。（E. P. T59·163）

41. ☒故官布袍，直四百五十尊陷冰还☐。（E. P. T59·374）

42. 受阁卒市买衣物名籍一编敢言之。（E. P. T65·56）

43. ☒帛一匹出帛一匹，从民吴☐买缯缥一领☐绛。（E. P. T65·65）

44. ·甲渠候官更始三年九月见受阁卒市买☐☐名籍☐。（E. P. T65·110）

45. ●第四部绥和二年二月☐买☐名☒。（E. P. T65·157）

46. 甲渠言部吏毋铸作钱发冢·贩卖衣物于都市者。（E. P. F22·37）

47. 建武六年↓七月戊戌朔乙卯，甲渠鄣守候敢言之，府移大将军莫府书曰奸黠吏民作使宾客私铸作钱，簿小不如法度，及盗发冢公卖衣物于都市，虽知莫谴苛百姓患苦之。（E. P. F22·38A）

48. 书到自今以来独令县官铸作钱，令应法度禁吏民毋得铸作钱，及挟不行钱辄行法诸贩卖发冢衣物于都市，辄收没县官四时言犯者名状●谨案部吏毋犯者敢言之。（E. P. F22·39）

49. 索放所放马夜买不能得还骑放马行檄取驹牢隧内中去到吞北隧。（E. P. F22·197）

50. ☒言已买马骊牝骊牝各一匹特齿☒。（E. P. F22·585）

51. ☒孟对曰吏逎持夜擅去署私买☐☐☒。（E. P. F22·709）

第三节　《肩水金关汉简》中买卖文书辑解

《肩水金关汉简》①（以下条目中简称为《肩水金关》）收录的92

① 《肩水金关汉简》收录了1973年居延南部汉代肩水金关遗址考古发掘出土的汉简，目前出版5册。

件买卖文书,从买卖标的来看,多数属于生活必需品,食物类有鸡、肉、鱼、马血、茭、葱、浓酒等,丝织品类有练、絮、布等,衣物类有袜、单衣、袭、复襦等;除此以外,牲畜类有马、牛等,生产工具类有车钩、鑚等,甚至还有大奴、大婢人口的买卖。在诸多买卖文书中,买卖人口文书内容更为详细,且体现出官府干预的特征。

1. 出钱卅八,买袜复□一(削衣)。(T0216②:266)《肩水金关》(壹)

2. ☑都吏旦食会水接莫。(73EJT3:22A)《肩水金关》(壹)

3. ☑□□买鸡来愿择大者上□□。(73EJT3:22B)《肩水金关》(壹)

4. 关故都亭长安世弓楼丸直二百卅案直☑。(73EJT4:189)《肩水金关》(壹)

5. 使从者都为自临……输穀卖肉百□□□直……☑。□□□□卖肚肠肾直钱百卅九六□□□□……

直七百八六十予□□□□□……☑。当得钱二千□□□□□并直……六月候长封藏官居延□□□□……☑。(73EJT6:43)《肩水金关》(壹)

6. 出钱二百四卅,买练一丈;出钱廿四,买二□□;出钱六百,买尊布一匹;出钱卅四,买车钩一具,铤键卅四卅枚半;出钱五十四绳四百廿六五十枚;出钱百六十九缘六尺半。(73EJT7:19)《肩水金关》(壹)

7. 出钱五十,买□单衣八月□□□□□☑。(73EJT7:89B)《肩水金关》(壹)P84

8. ☑买□……☑。(73EJT9:192)《肩水金关》(壹)

9. ☑籍奉亲野自言,为家卖车居延案☑告吏☑写移敢言之,皆以十二月甲子出☑律令/掾武令史郎。(73EJT10:214)《肩水金关》(壹)

10. ☑买茭十二☑(削衣)。(73EJT10:415)《肩水金关》(壹)

11. ☑买茭廿☑买茭卅束☑。☑买茭卅束居(削衣)。(73EJT10:418)《肩水金关》(壹)

12. □□卖□则叩头原少君为□□□□卖□不宜请少君□□□亭则幸甚谨使奉书伏地再拜/少君足下进□。季少君。（73EJT15：1A）《肩水金关》（贰）

13. □敢具辞谨道前日中倩丈人言欲卖□。（73EJT21：141）《肩水金关》（贰）

14. □已请买鑪并归叩□。（73EJT21：185B）《肩水金关》（贰）

15. 薄酒五钱浓酒十□，买□五千□绳卖□。（73EJT21：199B）《肩水金关》（贰）

16. □右故水门隧长尹野·凡直三千□。（73EJT21：288）《肩水金关》（贰）

17. □年正月尽三月积三月，奉用钱千六，辈廿两，帛三匹二丈六尺七寸，直九百□。（73EJT21：314）《肩水金关》（贰）

18. □□居延令脂钱直二百□□□守令史临。（73EJT21：330）《肩水金关》（贰）

19. □直廿五□□。（73EJT21：391）《肩水金关》（贰）

20. □卖□。（73EJT21：405）《肩水金关》（贰）

21. 守令得意买脂廿四斤为丞相掾王□。（73EJT21：423）《肩水金关》（贰）

22. 为□田□□□□二□直二百卅脯五斤直□。（73EJT21：485B）《肩水金关》（贰）

23. □买稾十束戍十。（73EJT22：4）《肩水金关》（贰）

24. □□□布□匹直□□□。（73EJT22：79B）《肩水金关》（贰）

25. □□卅七买□。（73EJT22：107）《肩水金关》（贰）

26. 骑士驰宜里李卖奴□。（73EJT22：129）《肩水金关》（贰）

27. 酱雍一枚直卅。（73EJT22：153）《肩水金关》（贰）

28. □五百但凡钱六百□□钱□百□。（73EJT22：154）《肩水金关》（贰）

29. 直六十五☑，直百五十☑。直卅五……直□十五。（73EJT23：9）《肩水金关》（贰）

30. ☑齿十二岁贾泉四千五十阝。（73EJT23：257）《肩水金关》（贰）

31. 十月四日买□卅束，直卅，买葱一，直十五，出泉三百六十□黄米一石麹三石，贾人任子□□月三日买。（73EJT23：299）《肩水金关》（贰）

32. ……酒二石，直二百卅枭一斤直十□卌五□……（73EJT23：321A）

……一两廿五……（73EJT23：321B）《肩水金关》（贰）

33. 朱君□□意叩头因白原往买茭五束。（73EJT23：324A）《肩水金关》（贰）

34. 毋有它归到鱳得卖鱼☑。（73EJT23：723A）《肩水金关》（贰）

35. ☑出六十偿大公买□百一十出卅送王柱出卌蔡赵氏出六十送宋敞余钱千六百卅四。（73EJT23：733A）《肩水金关》（贰）

36. 王子文治剑二百五十脯一□直卌□钱六十·凡三百五十惠中叔七十五又十二·凡八十七。（73EJT23：769A）《肩水金关》（贰）

37. 受前时十五束茭幸用此买。（73EJT23：899B）《肩水金关》（贰）

38. 幸为秩之舍东麦地，尽以种禾，舍东□，□以种穈黍，□西□，□□皆□种川，舍前块以西尽种□。□内中小□中有小半毋种原子俓用收万石种破用，种万石以渠钱种小半诩原子俓及时取茭藁贸秩余尽卖之原子俓即。（73EJT23：917A）《肩水金关》（贰）

39. ☑□辅卖袭一领，贾钱六百要虏隧长。（73EJT23：934）《肩水金关》（贰）

40. ☑卖□一两直钱廿三革带二枚直六十·凡直八十三故水门隧长屋阑富☑。（73EJT23：964）《肩水金关》（贰）

41. ……□□直十八米四斗直六十六。（73EJT23：993A）

当所市麴三斗直十八□一斗直卅□一石直卅。（73EJT23：993B）
《肩水金关》（贰）

42. 黍二石在□君所□钱百酒……（73EJT23：1002）《肩水金关》
（贰）

43. 出钱百买苇。（73EJT23：1020）《肩水金关》（贰）

44. 出钱十八月七日米出钱……十一月十日□出钱卅，君成买絮一
枚，出钱……二月……（73EJT24：6A）

出钱六，十二月廿六日和伤汗出钱……出四百八十买絮出钱……
（73EJT24：6B）《肩水金关》（贰）

45. □隧长孙□自言买牛一头，黑特齿四岁病伤暑不能食饮，重□
□。（73EJT24：29）《肩水金关》（贰）

46. □不削增毋物可进幸宽取过幸甚少卿欲买楼幸报即不欲幸……
（73EJT24：142）《肩水金关》（贰）

47. ·所寄张千人舍器物记胡狗一告从史孙长卿必之广地行此书案
如署凡二封

□米庙一并取其盖长卿必责李长君钱及长卿□卖□二羊钱长卿。
（73EJT24：247A）《肩水金关》（贰）

48. □□冀阴利里长广君大婢，财贾钱万二千钱，毕已。节有固疾
不当卖而卖，逐贾钱。（73EJT24：275A）《肩水金关》（贰）

49. □□券约，沽酒旁二斗。（73EJT24：275B）《肩水金关》（贰）

50. 俱买猪，其主不肯乃武令□□。（73EJT24：318）《肩水金
关》（贰）

51. 转粟大石，至今死为泉少千五百□不买长……□。（73EJT24：
368）《肩水金关》（贰）

52. 元始五年闰月卖肉它如□□。（73EJT24：378）《肩水金关》（贰）

53. □出卖三石……□。（73EJT24：457）《肩水金关》（贰）

54. 初元二年八月己丑朔，令史买之敢言之爱书塞有秩侯长□。

（削衣）（73EJT25：30）《肩水金关》（叁）

55. 以檄惊糒买布为名尉偹等不敬循行留☑。（73EJT25：151）《肩水金关》（叁）

56. 明伏地再拜请，少平足下属决不尽悉谨道明卖履，一两☑☑☑七十明唯少平从岁取。（73EJT29：114A）《肩水金关》（叁）

57. 幸以为明买鲜鱼五十头，即钱少平已得五十头，不得卌头，唯留意☑欲内之明。

叩☑头☑幸甚素毋补益左右欲以细苛于治，叩☑头☑唯薄怒善视黄卿毋以事趣原必察之谨伏地再拜·奏少平足下叶卿·吴幼兰。（73EJT29：114B）《肩水金关》（叁）

58. 九月甲子，召受东望隧长临宜马屠牛卖肉骨格，鄣门外卒武经等从宜马买肠血及骨持。（73EJT30：70）《肩水金关》（叁）

59. 斤直卌九斤七……又闰月晦，买肉廿斤☑七十为正☑百五十四☑，又丞相史☑卿及居延都尉夫人来使守阁熹取二斗☑，取三斗酒为居逢☑☑解白时也。（73EJT30：208B）《肩水金关》（叁）

60. ☑家贷钱市买须今偿之。（73EJT31：97B）《肩水金关》（叁）

61. 四斗射日，凡直三☑☑☑。（73EJT33：24）《肩水金关》（肆）

62. 三月己巳驿北亭长敞☑。（削衣）（73EJT33：25）《肩水金关》（肆）

63. ☑敬君钱七百五言☑。（削衣）（73EJT33：29）《肩水金关》（肆）

64. ☑遣从者侯嘉☑（削衣）。（73EJT33：30）《肩水金关》（肆）

65. ☑☑书曰成卒济阴成武高里黄……凡直千☑☑。（削衣）。（73EJT34：40）《肩水金关》（肆）

66. ☑钱如牒书到出内，如律令。（73EJT37：21）《肩水金关》（肆）

67. 白钱卿今旦亭西☑。（73EJT37：24A）

☑囊絮累奈何☑。（73EJT37：24B）《肩水金关》（肆）

68. ☑行宿湁上，廿六日庚辰发宿贫民落，出四买饹，众人共贷其

余。（73EJT37：150）《肩水金关》（肆）

69. ☑□置宜其中幸甚。（73EJT37：268A）

☑□辟幸□买。（73EJT37：268B）《肩水金关》（肆）

70. ☑……六尺一寸一匹□牝齿八岁高六尺君功买。（73EJT37：409）《肩水金关》（肆）

71. 居延都尉卒史居延平里徐通大奴宜，长七尺黑色髡头，十一月丙辰出。五凤元年十月丙戌朔辛亥，居延守丞安世别上计移肩水金关，居延都尉卒史，居延平里徐通自言繇之陇西还买纖得敬老里丁韦君大奴宜今疎书宜年长物色书到出如律令。（73EJT37：522A）

印曰居延丞印。十一月丙辰佐其以来。（73EJT37：522B）《肩水金关》（肆）

72. ☑李君卿一分直百王子真一分直百。（73EJT37：700）《肩水金关》（肆）

73. ·右东部用钱三千三百九十。（73EJT37：768）《肩水金关》（肆）

74. ☑告尉史宜平里董充自言敢传为家卖牛长安谨案。县邑侯国毋何留敢告尉史。（73EJT37：774）《肩水金关》（肆）

75. ☑二人牛车廿三两。（73EJT37：1142）《肩水金关》（肆）

76. 直三百五十原以钱□☑。（73EJT37：1143A）《肩水金关》（肆）

77. ☑葵子五升直卅……（73EJT37：1479）《肩水金关》（肆）

78. 居延亭长李兼马一匹□牝齿九岁☑。（73EJT37：1520）《肩水金关》（肆）

79. ☑买葵韭葱给刁将军、金将军家属。（73EJF3：38）《肩水金关》（伍）

80. ☑……十偿六月买☑。（73EJF3：391）《肩水金关》（伍）

81. 为卖履今当急用泉，头蒙命幸甚，行为逐都仓赵候长田候长家亦为卖履，却急具泉融今日发欲逐得之不一□二为晓。（73EJF3：333B）《肩水金关》（伍）

82. ☑候长常敢言之廷录曰趣具马不得十日☑日夜求买马未能得请尽力具马叩头死罪敢。(73EJF3：518＋517)《肩水金关》(伍)

83. □望隧忠钱千□□□□章见钱二百□练复襦直钱九百☑。(73EJT4H：45)《肩水金关》(伍)

84. 昭武以邮行☑。(73EJD：81)《肩水金关》(伍)

85. ☑□石直钱二千一百。(73EJD：82)《肩水金关》(伍)

86. 肩水以邮☑。(73EJD：83)《肩水金关》(伍)

87. ☑阳朔三年三月己巳居延☑。(73EJD：83)《肩水金关》(伍)

88. ☑□宋游君钱二百卅七□□□。(73EJD：86)《肩水金关》(伍)

89. ☑□甲申留装丁亥发。(73EJD：87)《肩水金关》(伍)

90. ☑□吏欲买衣者与同会。(73EJD：238)《肩水金关》(伍)

91. 南部候长肥汤茭千束直五百☑。(73EJC：6)《肩水金关》(伍)

92. ☑衣一领直千三百五十☑。(73EJC：130)《肩水金关》(伍)

第四节　《敦煌悬泉置出土文书研究》中买卖文书辑解

《敦煌悬泉置出土文书研究》收录买卖文书 39 件，按买卖标的物来分，有买卖衣物的文书，有买卖食物的文书，还有买宅文书。其中有两件买骨肉的文书中，明确交代了骨肉的来源是传马，并且记载传马的死因是疾病，这说明传马作为官府的重要财产，有专门的管理体系。另外一则文书还记载，另买马一匹，补传马之缺位，说明边疆驿站中传马的数量是固定的，且传马可从民间购置。

1. 元凤三年二月戊申日，冥安大昌里徐胜取戍卒魏濠南里张捐衣一□卖雠钱百六十，嗣至六月朔钱毕☑（右齿）。(Ⅴ T1712⑤：7)

2. ☑五凤二年闰月己未尽九月癸亥廿五日，死买骨肉，效谷宜农里宁广宗所贾钱三百。(Ⅱ T0115③：72)

3. 五凤三年十二月乙巳病尽壬戌死买骨肉厩御田圣所贾钱四百。（ⅡT0214③：157）

4. ·五凤四年八月己亥朔壬申日环泉直买牛，世里甲戌长公青特牛齿八岁贾钱四千七百戊戌长公付环泉直（右齿）。（ⅥT1222③：7）

5. 出钱八千，显美南乡佐郑相出。黄龙元年九月乙卯，啬夫潘直以调书顾府所买张掖显美百阳里孙猛马一匹，直补传马令君临（竹简）。（ⅡT0215③：66）

6. 传马一匹，骊牡左骠，齿七岁，高六尺二寸半寸，名曰若溜，初元二年十月乙巳病尽，十一月丑积廿一日卖骨肉钱三百□☑。（VT1411②：20）

7. 效谷移建昭二年十月，传马簿出县泉马五匹病死卖骨肉直钱二千七百卅，校钱簿不入解☑。（IT0116②：9）

8. ☑名曰黄鹄建始元年十一月壬申，斥卖广大里王盖宗所贾千二百☑。（IIT0216②：918）

9. ☑买戍卒薪成里路宣白练袭一领，贾钱千五百，建始四年四月尽，钱毕已☑。（IIT0215②：161）

10. 定汉里女子王张子自言河平二年八月中，卖黄丸方领一，直九百广大里掌子真所数责不可得，子真为县泉厩佐。（IIT0114③：439）

11. 阳朔二年十月乙丑死卖骨肉直钱五百。（IT0116②：70）

12. 騬乘齿十八岁，送渠犁军司马令史勋承明到遮要病柳张立死卖骨肉，临乐里孙安所。贾千四百，时啬夫忠服治爰书，误脱千以为四百，谒它爰书敢言之。A

守啬夫富昌。B（IIT0114③：468AB）

13. 出钱廿六，买鸡子一枚正月丙申佐顺市给过客。（VT1210③：87）

14. 出钱五十五，买鸡一只正月丙申佐顺市给过客。（IIT0215②：256）

15. 出钱卅，买鸡一～三月庚子佐顺市。（VT1310③：65）

16. 出钱卅五，买鸡一只，十二月辛丑御房益寿市付厨。（VT1311
③：8）

17. 十月尽十二月丁卯置所自买鸡三只，直钱二百卅率只八十唯廷
给。（IT112③：125）

18. ·最凡鸡卅四只，正月尽十二月丁卯所受县鸡廿八只一枚，正
月尽十二月丁卯，置所自买鸡十五只一枚，直钱千二百一十五，唯廷
给。（IT112③：129）

19. 出钱百廿，买脂卅斤。六月辛丑，啬夫奉光市敦煌市吏杜幼君
取。（VT1210③：28108）

20. ☑钱千一百☑。卖衣一领，直千八百五十。A

☑子侯卒王顺卖。B（VT1813②：18AB）

21. ☑□奴霸钱百五十，买黄布夏绔一两，功孙子都贾钱四百五十。
（IIT0113③：181）

22. ☑卖皁袍皁袭各一领，并直千八百效谷□。（IIT0216③：68）

23. ☑□卖官袍一领，直六百县泉☑。（IIT0216②：576）

24. 三月廿三日己未，市计出钱十，买牛车锥廿枚，出十五将车出
卅集车五枚，出廿六切刀一，出钱廿，佐广卿书敦煌买苜蓿食马，出册
履一两，出十五送孟游君。（IT0110①：123）

25. 出钱四千四百册，买帛十二匹匹三百☑，出钱□□□□□
☑，册四买素一尺☑。（IIT0114③：236）

26. 出钱九百五十六，买皁一匹治剑衣并□☑。（IIT0314②：18）

27. 出钱千，买纬百枚撅□缘☑。（IT0112①：104）

28. 出钱百册，买枲十斤☑。出钱十五，买縿一斤付传舍☑。出钱
八十，买伏一石付传☑。（IIT0212S：49）

29. 出十二匹采缯二百五十，买刀，同买屦十二张，出丝一匹，直
千六百买屦八张，出絮十斤刀百屦八□□，买屦七张，□□□□□少一
尺二寸□□□□□少六十六（竹简）。（IIT0216②：584）

30. ☑报赵卿前买杨子真缇一匹☑记二丈直千一百卌记☑☑。（ⅠT0110②：41）

31. 钱廿，买肉二斤，出钱卅四，籴米二斗☑。出钱☑十七，☑籴粟八斗☑。（ⅡT0215①：31A）

32. 出钱卅，买墨十束，出钱十二，籴粟二斗，出钱卅七，买支半斗·大凡直二百五十七，出☑☑。A

·记☑☑☑衣橐一剑一墨十枚襦襜一方鞬一。B（ⅤT1812②：269AB）

33·买马肉十斤，直六十良家子严☑☑☑☑☑☑☑☑。（ⅡT0115③：125）

34. 入钱百，受卖马肉钱。（ⅡT0314②：320）

35. 入钱八十正月丙申，受所卖羊〇一直九李愿所。（ⅤT1412③：22）

36. 马一匹骓牡齿七岁高五尺七寸半，卖贾六千一百。（ⅡT0216②：64）

37. ☑☑……☑☑谷七十石☑，牛一头卖得谷七十五石☑。A☑☑

出卅石付乘家☑☑☑，出一石买目宿中河用☑，☑☑出百。B（ⅡT0315①：2AB）

38. ☑田九十三亩入谷九十☑。☑买宅一区直五千☑。（ⅤT1410③：77）

39. ·延年对曰兄游公本从顺，买宅一区贾五千毋钱时自☑。（ⅡT0216②：266）

第五节　其他简牍中买卖文书辑解

西北地区出土的汉代简牍，除按地域编在《居延汉简释文合校》《居延新简释校》《肩水金关汉简》《敦煌悬泉置出土文书研究》中之外，还有一些汉简留存在《敦煌汉简释文》《八琼室金石补正》《金石续编》《额济纳汉简》《地券征存》《文物》等文献中。这些文书大多相对保存完整，内容较全面，其中买地券有 24 份，详细地记录了汉时冥世契约的交易习惯，便于总结其特点。

1. 元平元年七月庚子，禽寇卒冯时卖橐络六枚杨柳所，约至八月十日与时小麦七石六斗。过月十五日，以日斗计。盖卿任魏小麦。[《敦煌汉简释文》（一），《新中国建立后出土的汉简（十四）·玉门花海出土的汉简》]

2. 本始元年七月庚寅朔甲寅，楼里陈长子卖官绔。柘里黄子心，贾八十。（《居延汉简甲乙编》上册叁《图版》乙图版柒柒，编号九一·一）

3. 地节二年□月，巴州民杨□买山，直钱千百。作业□，子孙永保其毋替。（《八琼室金石补正》第二卷）

4. 神爵三年正月十五日，资中男子王子渊从成都安志里女子杨惠买夫时户下髯奴便了，决卖万五千。奴从百役使，不得有二言。（《古文苑》卷一七汉王褒《僮约》）

5. 一昆弟六人，二大共买山地。三建初元年，四吉造此冢地五直三万钱。（山阴县大吉买山地记）（《金石续编》卷一，原题《会稽冢地刻石》）

6. ☐□千三百五十，儿（倪）子赣，贾钱约至四月毕已☐。（正面）（简左侧有小刻齿）□□约至四月毕已□□□（背面）。（《居延新简》）

7. □隧长王子赣卖第八卒□□已。任者李子长知券约□。（居延县隧长王子赣卖物残券）（《额济纳汉简》）

8. 阳又卖同隧卒莱意官袭绔遮虏季游君所，直千六百五☐。（《居延新简》）

9. □第九隧卒史义角布一匹，价钱五百，约至八月钱毕已。钱即不必□。（《额济纳汉简》）

10. 甲渠候长殷买许子方□，买肩水尉丞程卿牛凵一，直钱三千五百。已入五百，少三千。烦愿□□。（《居延新简》）

11. 时唯三十六年四月七日，伟大的国王、众王之王、太上、胜利者、县法有道者、威德宏大的国王、童格罗伽天子在位之际，毗陀镇税区保护人迦乌诺亚有一仲弟名曰阿特耆耶。他将一些土地卖给祭司左特耶之子左多亚。一块是大田野中的可耕地，能播种一弥里码种子。另一块是郊外的可耕地，能播种五硒种子。其中一块地属于迦乌诺亚和阿特耆耶共有。他们将其出卖，被左多亚买下，出价（金币?）……布、地毯、麻布十二柞（扎）。现（有见）证人出面作保：祭司左特耶、长老贝特耶、税（务官）……百户长查伽。（《尼雅新发现的鄯善王童格罗伽纪年文书考》）

12. ☑［王］子侮以元羌二［十］☑日买女三万☑附一买地券。（《三代陶器拓片》）

13. 永平十六年四月廿二日，姚孝经买橋伟家地约□，出地有名者，以卷书从事。旁中弟功，周文功。（《河南偃师东汉姚孝经墓》图四字拓片）

14. 建初六年十一月十六日乙酉，武孟子男靡婴买马起□、朱大地少卿冢田。南广九十四步，西长六十八步，北广六十五，东长七十九步。为田廿三亩奇百六十四步，直钱十万二千。东，陈田比分，北、西、南朱少比分。时知券约赵满、何非。沽酒各二千。（《地券征存》）

15. 建宁二年八月庚午朔廿五日甲午，河内怀男子王未卿从河南街邮部男袁叔威买皋门亭部什三陌西袁田三亩。亩贾钱三千一百，并直九千三百。钱即日毕。时约者袁叔威。沽酒各半。即日丹书铁券为约。（《贞松堂集古遗文》卷一五、《贞松堂吉金图》卷下、《丙寅稿》页十八）

16. 建宁四年九月戊午朔廿八日乙酉，左骏厩官大奴孙成从洛阳男子张伯始卖所名有广德亭部罗佰田一町，贾钱万五千。钱即日毕。田东比张大卿，南比许仲异，西尽大道，北比张伯始。根生土著毛物皆属孙成。田中若有尸死，男即当为奴，女即当为婢，皆当为孙成趋走给使。田东、西、南、北，以大石为界。时旁人樊永、张义、孙龙、异姓、樊元祖，皆知张约。沽酒各半。[《蒿里遗珍》（一）、《地券征存》]

17. 熹平五年七月庚寅朔十四日癸卯，广［武］乡乐成里刘元台从同县刘文平妻［买得］代夷里冢地一处，贾钱二万，即日前毕。［南］至官道，西尽［坟］渎，东与房亲，北与刘景□为冢。时临知者刘元泥、枕安居，共为卷（券）书。平（折）不当卖而卖，辛为左右所禁固。平□为是正。如律令。（《文物》1980年第5期第57页蒋华《扬州甘泉山出土东汉刘元台买地砖券》摹本）

18. 光和元年十二月丙午朔十五日，平阴都乡市南里曹仲成，从同县男子陈胡奴买长右亭部马领佰北冢田六亩，亩千五百，并直九千。钱即日毕。田东比胡奴，北比胡奴，西比胡奴，南尽松道。四比之内，根生伏帐物一钱以上，皆属仲成。田中有伏尸□骨，男当作奴，女当作婢，皆当为仲成给使。时旁人贾、刘，皆知券约。□如天帝律令。（《书道全集》）

19. 光和二年十月辛未朔三日癸酉，告墓上、墓下、中央主土，敢言墓伯、魂门亭长、墓主、墓皇、墓皂：青骨死人王当、弟［使］偷及父元兴［等］从河南□□［左仲敬］子孙等，买谷郏亭部三佰西袁田十亩，以为宅。贾直钱万。钱即日毕。田有丈尺，卷（券）书明白。故立四角封界，界至九天上，九地下。死人归蒿里地下，□［得］何［花］姓［三得］名佑（有）富贵，利子孙。王当、当弟使偷及父元兴等，当来入臧，无得劳苦苛止易，勿徭使，无责生人父母、兄弟、妻子家室。生人无［责］，各令死者无适负。即欲有所为，待焦大豆生，铅卷（券）华荣，鸡子之鸣，乃与［诸］神相听。何以为真？铅卷（券）

尺六为真。千秋万岁，后无死者。如律令。卷（券）成。田本曹奉祖田，卖与左仲敬等。仲敬转卖［与王当］、弟使偷、父元兴。约文□□，时知黄唯、留登胜。（《文物》1980年第6期，《洛阳东汉光和二年王当墓发掘简报》铅券摹本）

20. ［光］和五年二月［戊子朔］廿八日乙卯，□□□帝、神师，敢告墓上、墓下……土□、主士、墓□永□地下二千石、墓主、墓皇、墓㠯、东仟、南佰、北佰、丘丞、墓佰（伯）、东……南成北□魂□□□□□中游徼、佰门卒史□，太原太守中山蒲阴县所成里刘公……早死，今日合墓□□□□。［上］至仓（苍）天，下至黄泉。青骨死人刘公则自以家田三梁［亭］……得东佰索界八亩。南北长七十步，东西广九十六步。田有丈尺，券书明白，故立四角封界。□……□大□士，谨为刘氏之家解除咎殃，五残六贼。女□□，七十二不天夜光，八尸九，或有……侍何仲不。生死异路，不得相妨。死人归蒿里戊己。地上地下，不前□。他□不……无适，有富利。生人［子］孙□□□□□敢劳苦，无呼鸡□，无得［苟］中，无责……令死人无道□即［欲有］得，待［焦］大豆生菜，段鸡上雏［鸣］，［铅］券［华荣］……诸神［相听］。［何以］为尺？□桃□□□□则绝道。上绝天文，下绝地理，绝墓葬□，□适除解。千秋万世……复死者，［世］世［富］贵，永宜子孙。……（《望都二号汉墓》）

21. 光和七年九月癸酉朔六日戊寅，平阴男子樊利家从洛阳男子杜□子、子弟□买石梁亭部桓千东比是佰北，田五亩，亩三千，并直万五千。钱即日昇（毕）。田中根土著。上至天，下至黄，皆□□□行田，南尽佰（陌）北，东自比□子，西比羽林孟□。若一旦田为吏民秦胡所名有，子自当解之。时旁人杜子陵、李季盛。沽酒各半，钱千无五十。（《丙寅稿》）

22. 中平五年三月壬午朔七日戊午，洛阳大女房桃枝，从同县大女赵敬买广德亭部罗西步兵道东冢下余地一亩，直钱三千。钱即毕。田中有伏尸，男为奴，女为婢。田东、西、南比旧，北比樊汉昌。时旁人樊汉昌、王阿顺，皆知卷（券）约。沽各半，钱千无五十。（《地券征存》）

23. □平□年十月□□□□□辛亥，河南男子□孟叔从洛阳男子王孟山、山子男元显、显子男富年买所名有（下阙五、六字）（上阙五、六字）田□亩，贾钱万，即日毕。□钱□孟山、元显、富年。□田西北□□□□贾（下阙五、六字）（上约阙八字）田□□从孟叔便□□□□□。上至苍天，下至〔黄泉〕。（下约阙十字）（上阙六、七字）凡□□、樊□元，皆知卷（券）约。沽酒各〔半〕。（《芒洛冢墓遗文》四编《补遗》）

24. 建安三年三月八日，祭主崔坊，伏缘先考奄逝以来，葬地未卜。延日者择此高原，来世朝近地，世袭吉日。时洋钱于皇天后土处，买到龙子冈阴地一区，始移分葬，永为阴宅。千侯百岁，永毋殃咎。若有干犯，将军、亭长缚送致罪。先有居者，各相安好。分付工匠修，安厝已后，示保全吉。立券孝子崔坊。（《小校经阁金文拓本》卷一三《杂器》）

25. □冢直二万五。（《贵州金沙县汉画像石墓清理》）

26. 建元元年夏五月朔廿二日乙巳，武阳太守大邑荥阳邑朱忠，有田在黑石滩，田二百町，卖于本邑王兴圭为有。众人李文信，贾钱二万五仟五佰。其当日交评。东比王忠交，西比朱文忠，北比王之详，南比大道。亦后各无言其田。王兴圭业。田内有男死者为奴，有女死者为婢。其日同共人，沽酒各半。（《中国法制史·土地法、取引法》）

27. 建元三年二月廿一日甲□，宏光□□买地一丘，云山之阳，东极龟坎，西极玄坛，南极岗头，北极淤□，值钱三千贯，当日付毕。天地为证，五行为任。张执。（《中国法制史·土地法、取引法》）

28. 黄龙元年壬申五月丙子朔八日乙亥，诸葛敬从南阳男子马吉庆卖所名有青荣埠部罗佰田一町，直钱二万一千，钱即日毕。田东比贺方，南比沈大义，西尽大道，北比郑江生。根生土着毛物，皆属诸葛敬。田中若有尸死，男即当为奴，女即当为婢，皆当为诸葛敬趋走给使。田东西南北以大石为界。时旁人丁阳、郭平皆知券约，沽酒各半。（《小校经阁金文拓本》）

29. 建武中元元年丙辰四月甲午朔廿八日乙酉，广阳太守官大奴徐胜，从武邑男子高纪成卖所名有黑石滩部罗佰田一町，贾钱二万五千。钱即日毕。田东比皇甫忠，南比孙仲信，西比张淮，北比大道。根生土着毛物皆属徐胜。田中若有尸死，男即为奴，女即为婢，皆当徐胜给使。时旁人姜同、许义皆知券约。沽酒各半。（北京大学图书馆拓片）

30. 延光四年乙丑朔三日庚午，东郡太守李德迁葬于黾池县。买地一亩余，价直钱万二千。东部李校尉，西部黄家后里，南部路，北和睦里。如地中伏有尸骸者，男为奴，女为婢。同第三子迁葬于此。皆执券约。时年五十有六。（《文物》1964 年第 12 期朱江《四件没有发表过的地券》）

31. 延熹四年九月丙辰朔卅日乙酉，直闭，皇帝告丘丞、墓伯、地下二千石、墓左、墓右、主墓狱吏、墓门亭长莫不皆在。今平阴偃人乡苌富里钟仲游妻薄命蚤死，今来下葬，自买万世冢田，贾直九万九千钱，即日毕。四角立封，中央明堂，皆有尺六桃卷（券）、钱布、人。时证知者：先□曾王父母□□□氏知也。自今以后，不得干□生人。（正面）有天帝教如律令。（背面）（《贞松堂集古遗文》）

32. 建宁元年二月五凤里番延寿墓（箭）（右侧）。元年，九人从山公买山一丘于五凤里，葬父马卫将，直钱六十万，即日交毕。分置券台，合□大吉。立右建宁元年二月朔。有私约者当律令。（以上正面）（《中国法制史·土地法、取引法》）

33. 熹平二年七月朔五日戊午，洛阳剌使（史）赵奇购迁于洛阳东七里，计地廿八丈四尺。东家和陆里，西赵家后田。除淮阴太守第三子迁此冢。世垂延贻永万年。（洛阳县赵奇买地铅券）（北京大学图书馆

34. 中平五年三月壬午朔七日戊午，洛阳东郡太守南阳召陵人性待郎迁于洛阳东冢下，买地廿五丈八尺。东至大路，西至大石头，南至大冢，北至石人。如地中伏尸，男为奴，女为婢。券卒年葬地一顷，钱十五万，以供葬事殡。其年多故□□已酉□葬。（北京大学图书馆拓片）

35. □□□［年］三月初七戊午，东郡太守马荣，南阳召陵人，姓□，为博学，时人常推重之。初为郡功［曹，举孝］廉，再迁，除交长，后为东郡太守。元年十二月卒于官。买地于洛阳东地，计廿四丈五尺。□□□姓。如地中伏尸，男为奴，女为婢。此券。卒年五十有七。（北京大学图书馆拓片）

36. 居延武贤隧长杜买等领钱出泉千，付令史良出泉千，付故武贤隧长杜买马泉五千九百出泉千，付殄北隧长郓诩出泉千，付□史徐严奉（简右侧有刻齿）。（11A）

出泉二百，捉万岁士吏冯晏奉出泉千，士吏陈褒赋故高沙隧长□宣。（11B）（《居延新简·破城子探方四》）

37. 元始五年九月壬辰朔辛丑亥，高都里朱凌：卢居新安里，甚接其死。故请县、乡三老、都乡有秩、左里□□（师）、田谭等，为先令券书。凌自言：有三父，子男女六人，皆不同父。［欲］令子各知其父家次，子女以君、子真、子方、仙君，父为朱孙。弟公文，父吴衰近君。女弟弱君，父曲阿病长宾。妪言：公文年十五去家，自出为姓，遂居外，未尝持一钱来归。妪予子真、子方自为产业。子女仙君、弱君等贫，毋产业。五年四月十日，妪以稻田一处，桑田二处，分予弱君。波（陂）田一处，分予仙君，于至十二月。公文伤人为徒，贫，无产业。于至十二月十一日，仙君、弱君各归田于妪，让予公文。妪即受田，以田分予公文。稻田二处，桑田二处，田界易如故。公文不得移卖田予他人。时任知者：里□□、伍人谭等，及亲属孔聚、田文、满真。先令券书明白，可以从事。（《文物》1987年第1期，《江苏仪征胥浦101号西

汉墓》关于此《先令券书》的释文，摹本和图版，又参考同期陈平、王勤金《仪征胥浦 101 号西汉墓（先令券书）初考》)

38. 建初二年正月十五日，侍廷里父老□祭尊于季、主疏左巨等廿五人共为约束石券。里治中乃以永平十五年六月中造起□，敛钱共有六万一千五百，买田八十二亩。□中其有訾次当给为里父老者，共以容田借与，得收田上毛物谷实自给。即訾下不中，还田转与当为父老者，传后子孙以为常。其有物故，得传后代户者一人。即□中皆訾下不中父老，季、巨等共假赁田。它如约束。单侯、单子阳、尹伯通、锜中都、周平、周兰、父老?] 周伟、于中山、于中程、于季、于孝卿、于程、于伯先、于孝、左巨、单力、于雅、锜初卿、左伯、文□、王思、锜季卿、尹太孙、于伯和、尹明公。(《文物》1982 年第 12 期第 17～18 页释文和图片，亦见《汉碑集释》)

第二章 赊买卖文书辑解

所谓的赊买卖，后世也称"赊买卖"，指买方在买卖合同成立的同时，没有即时履行其交付价款的义务，约定在日后履行的买卖，这是"非即时买卖"的一种形式。西北汉简中赊买卖文书有120多件，虽然数量不多，但是反映了当时西北地区的经济生活实景，以及为适应经济与生活的需要而产生的法律方面的变通。

汉时，为抵御外敌和充实西北边疆，政府从内地大规模移民，实行屯田制度，促进了西北地区经济的发展。为了巩固国防，保证边疆地区的安定，国家设立了烽燧等军政合一的行政机构，便于维护当地经济生活的稳定与秩序。在行政机构中供职的官吏虽然有俸禄，但除维持基本生活的花费之外，所余数量很少，生活相对困窘，所以在买东西时，就要变通地使用，以"赊买卖"的方式进行交易，减缓当时的经济压力。从出土的简文中可以看出，出卖物品的多是戍卒，而交易的物品多是衣物或丝织品。究其原因，第一，戍卒大部分来自中原地区，虽然国家对其生活必需品有配给，但是其家人也要给其邮寄一定数量的衣物作为补充，所以戍卒手中有能够出售的商品；第二，戍卒戍守边疆有固定的期限，多数是一年，所以没有家眷跟随，衣物等生活用品的使用量不会突然增大，所以有出售的可能性；第三，西北地区纺织业不如中原地区先进，纺织类商品数量少，加之官吏在此长久居住，可能会有家眷，所以衣物等丝织品的需求量增大，因此需要交易；第四，官吏的俸禄有限不能即时付款，所以要找寻变通的方法。在这四方面原因的共同影响下，赊买卖广泛存在于西北边疆地区。

虽赊买卖屡有纠纷，国家也出台禁止的措施，但是因为边疆地区社会的需要，所以屡禁不止，因此，国家也出面调控和规范赊买卖行为。同时，当地百姓和戍卒也在订立契约的过程中不断寻找保障契约顺利履行的措施，以及违约的救济途径，目的是保障赊买卖行为的顺利进行，保障交易双方的利益。仔细分析赊买卖文书，有利于发现汉代赊买卖向宋代赊买卖发展中的有益线索，探求其内在的理念沿革。

第一节 《居延汉简释文合校》中赊买卖文书辑解

《居延汉简释文合校》中收录赊买卖文书 32 件，其中禁止赊买卖的文书有 5 件，赊买卖名籍 3 件，赊买卖衣物的文书 10 件。从文书中看，禁止赊买卖的理由是防止戍卒、田卒将官府发放的衣物高价卖给当地贫困的普通百姓和基层小吏。但实际上赊买卖现象屡禁不止，由此也出现了争讼。

1. 二月戊寅，张掖大守福库丞承熹兼行丞事敢告，张掖农都尉护田校尉府卒人谓：县律曰臧它物非，钱者以十月平贾计案，戍田卒受官袍衣物贪利，贵贾赇予贫困民吏，不禁止浸益多，又不以时验问。（4·1）

2. 元康四年六月丁巳朔庚申，左前候长禹敢言之，谨移戍卒赊卖衣财物爰书名籍一编敢言之。（10·34A）

3. 日病伤汗未视事官檄曰：移卒赊卖名籍会☒。（44·23）

4. ☒候长候史十二月日迹簿，戍卒东郭利等行道赊卖衣财物，郡中移都尉府二事二封，正月丙子令史齐封。（45·24）

5. 俱南隧卒东郡聊城北遂里张夜，不赊卖。（52·58）

6. 卒所赍衣物赍☒。（56·16）

7. 赊买卓练复袍一领，贾钱二千五百，今子算☒。（69·1）

8. ☑☑☑外貰卖官袭一领，备南隧长陈长买所，贾钱☑。（69·1）

9. 戍卒魏郡内黄☑居里杜收，貰卖鹑缕一匹，值千，广地万年，隧长孙中前所，平六☑。（112·27）

10. 故候史鱳得市阳里宁始成貰买，执胡隧卒☑。（117·30）

11. ☑七日卿文貰☑☑。（117·32）

12. ☑自在数蒙貰下守候力不足檄☑。（133·18）

13. 未敢还有报春月且貰☑。（133·19）

14. 廉敞貰缣三匹券在宋始☑。（155·13A）

15. □言所部三□□卒常调貰买。（178·25A）

16. □迹第四十一南阳武□翟陵里□桂字子见自言，二年一月中貰卖☑。（190·12）

17. 须所简熹疾自言貰☑。（198·6）

18. ☑□不貰□忽□□令/令史☑。（203·48）

19. 自言貰卖纟一斤，直三百五十，又鬷四斗，直卅八，惊虏隧长李故所。（206·3）

20. □既，自言五月中行道貰卖卓复袍一领，直千八百，□卖缣长袍一领，直二千，卓绔一两，直千一百，卓□，直七百五十，●凡直六千四百，居延平里男子唐子平所。（206·28）

21. 毋得貰卖衣财务，大守不遣都吏循行☑，严教受卒官长吏各封臧☑。（213·15）

22. □行禁吏民毋貰卖☑。（239·115）

23. ☑□平吏民毋貰买☑。（255·26）

24. □濮阳槐里景黜，貰卖剑一，直七百，鱳得县□□☑，客居第五辟□。（271·1）

25. 卒居署貰卖官物簿。卅井付粟直三千一百九十七其六百□三石□□□□未得。（271·15A）

26. 终古隧卒东郡临邑高平里召胜，字游翁，貰卖九樱曲布三匹，

匹三百卅三，凡直千，鬻得富里张公子所，舍在里中二门东入。任者同里徐广君。（282·5）

27. 惊虏隧卒东郡临邑吕里王广，卷上字次君。贳卖八樱布一匹，直二百九十，鬻得定安里随方子惠所，舍在上中门第二里三门东入。任者阎少季薛少卿。（287·13）

28. 戍卒魏郡贝丘□里杨通，贳卖八樱布八匹，匹直二百卅，并直千八百，卖郑富安里二匹，不实贾，知券常利里淳于中君。（311·20）

29. ☑方秋天寒卒多毌私衣。（478·5）

30. □十日视事尽二月约已县官事贾钱四月☑。☑□□□□□约沽酒劳二斗☑。（564·7）

31. 元康二年三月乘胡□长张常业亭卒不贳买名籍。（564·25）

32. 乘胡□卒王羊子，不贳买。（564·26）

第二节　《居延新简释校》中贳买卖文书辑解

《居延新简释校》共收录贳买卖文书 52 件，其中贳买卖名籍有 9 件，说明官府通过公权力的手段调控贳买卖活动，保证其交易的安全。其中有 12 件贳买卖文书中明确载明了交易的地点，即"某所""某宅"，这在一定程度上表明，贳买卖是一项正式的交易行为，当事人尽可能通过正规的方式来完成交易。

1. 第十七部甘露四年↓卒行道贳卖名籍↓☑。（E. P. T3·2）

2. 戍卒贳卖衣财物它官尉史□所言府·一事集封☑。（E. P. T4·66）

3. ☑贳卖皁绮一两☑。（E. P. T5·92）

4. ☑名丰辞服从志贳卖官☑。（E. P. T40·54）

5. ☑出徙□□水还☑，☑贳袍一领☑。（E. P. T43·255A）

6. 戍卒东郡聊成孔里孔定，贳卖剑一直八百。鬻得长杜里郭稺君

所，舍里中东家南入。任者，同里杜长定前上。（E. P. T51·84）

7. 北地泥阳长宁里任偵，二年田一顷廿亩，租廿四石。（E. P. T51·119）

8. 察微隧戍卒陈留郡儒宝成里蔡□子。七月中，贳卖缥复袍一领直钱千一百。故候史郑武所。（E. P. T51·122）

9. 第八隧卒魏郡内黄右部里王广。贳卖莞皁绔橐絮□一两，直二百七十，已得二百少七十，遮虏辟衣功所。（E. P. T51·125）

10. □年六月己巳朔丁丑，甲渠候破胡以私印行事敢言之，谨移戍卒朱宽等五人，贳卖候史郑武所贫毋以偿作诈，名籍一编敢言之。（E. P. T51·199）

11. □始五年二月部卒贳卖衣物骑司马令史所名籍。（E. P. T51·210A）

12. 第卅二队卒邦邑聚里赵谊，自言十月中贳卖纟絮二枚，直三百。居延昌里徐子放所。已入二□。（E. P. T51·249）

13. 第卅五卒唐憙，自言贳卖白绅襦一领，直千五百交钱五百·凡并直二千□。（E. P. T51·302）

14. ●籴得厩啬夫栾子恩所贳买，甲渠鉼庭□卒宄科母尊布一匹。（E. P. T51·329）

15. 贳券课。（E. P. T51·338）

16. □□□□□盖衣丈二尺＝十七，直二百四钱，三堠吏张君长所钱，约至十二月‖尽毕已。旁人临桐吏解子□□□□。（E. P. T52·323）

17. 次吞卒王安世，贳卖布復□。（E. P. T51·540）

18. 月贳□□一匹至□月中……□谒报居延敢言之。（E. P. T51·722）

19. □□属甲渠候官诏书，卒行道辟姚吏私贳卖衣财物，勿为收责。（E. P. T52·55）

20. □辞不贳买皆证。（E. P. T52·74）

21. □卒禁贳卖，皆入为臧公从□。（E. P. T52·334）

22. 甘露二年五月己丑朔戊戌，候长寿敢言之：谨移戍卒自言贳卖财物吏民所，定一编。敢言之。（E. P. T53·25）

23. 甘露三年十一月辛巳朔己酉，临木候长福敢言之。谨移戍卒吕异众等行道贳卖衣财物，直前如牒，唯官移书令鱳得涞淄收责，敢言之。（E. P. T53·186）

24. 囗甘露三年戍卒行道贳卖衣财物名籍囗囗。（E. P. T53·218）

25. 第十二卒成囗贳卖皁复囗。（E. P. T53·221）

26. 囗囗贳卖衣物及见在身者各如牒先以囗。（E. P. T54·2）

27. 戍卒东郡聊成昌国里囗何齐，贳卖七稷布三匹直千五十，屋兰定里石平所舍，在郭东道南。任者屋兰力田亲功，临木隧。（E. P. T56·10）

28. 第五隧卒马赦，贳卖囗囗袍县絮装，直千二百五十，第六隧长王常利所，今比平予赦钱六百。（E. P. T56·17）

29. 戍卒魏郡贝丘某里王甲，贳卖囗皁复袍县絮绪一领，直若干千，居延某里王乙囗。居延某里王丙舍在某辟。它衣财囗。（E. P. T56·113）

30. 贳卖雏皁复袍县絮壮一领，直若干千，鱳得囗，东西南北入，任者，某县某里王丙舍在某里囗。（E. P. T56·208）

31. 囗贳卖官复袍若干领，直若干，某所隧长王乙所囗。它财囗。（E. P. T56·230）

32. 贳卖惊虏隧戍卒魏郡囗阳当囗，囗贳卖隧戍卒魏郡犁阳中里李囗，贷隧戍卒魏郡犁阳修长里囗。（E. P. T56·224）

33. ·不侵候长尊部，甘露三年戍卒行贳买衣财物名籍。（E. P. T56·253）

34. 甘露三年二月卒贳卖名籍。（E. P. T56·263）

35. ●第廿三部甘露二年卒行道贳买衣物名籍。（E. P. T56·265）

36. 囗移卒贳卖。（E. P. T56·293）

37. 囗简德，不贳卖，俱南隧。（E. P. T56·316）

38. ☐贳卖。（E. P. T56·374）

39. ☐☐☐☐☐殷昌里大夫☐未央年卅☐贳买☐☐。 （E. P. T56·402）

40. 元康二年十一月丙申朔壬寅，居延临仁里耐长卿贳卖上党潞县直里常寿字长孙青复绚一两，直五百五十，约至春钱毕已。姚子方☐。（简左侧上部有刻齿）（E. P. T57·72）

41. ☐得毋有侵假藉贷钱财物以惠贸易器，证所言它如，簿不贳卖衣物刀剑衣物客吏民所。爰书敢言之。（E. P. T57·97）

42. ☐等告曰所贷贳卖衣☐。（E. P. T57·116）

43. ☐☐丑朔甲寅，居延库守丞庆敢言之。缮治车卒☐朝，自言贳卖衣财物，客民卒所各如牒律。☐☐辞官移书人在=所=以此唯府令甲渠收责得钱与朝敢言之。（E. P. T58·45A）

44. ☐☐年戍卒贳卖衣财物名籍↓。（E. P. T59·47）

45. ☐陈袭一领直千二百五十居延如里孙游君所约至☐☐朝子真故酒二斗↓。（E. P. T59·555）

46. ☐自言贳卖官袍一领直☐。（E. P. T59·923）

47. 将军哀贳贷罪法复令见日月叩头死=罪=。（E. P. F16·54）

48. ☐☐千三百五十儿子赣所贾钱，约至四月毕已☐。（E. P. F22·419A）

☐☐约至四月毕已☐☐。（E. P. F22·419B）

49. ☐☐☐☐☐不实时诛灭，贳贷榜棰复反得生见日月恩泽诚深诚。（E. P. F22·645）

50. ☐自言贳买皁绚一两，直九百，临桐队长解贺所，已收得臧治所毕。（E. P. S4. T1·21）

51. 戍卒……里……贳已出。（E. P. S4. T2·22）

52. ☐☐诣☐见其恶☐。（E. S. C·137A）

☐法宜可贳☐☐。（E. S. C·137B）

第三节 《肩水金关汉简》中赍买卖文书辑解

《肩水金关汉简》收录赍买卖文书 30 件，赍买卖的标的物以衣物和纺织品类为主，衣物和纺织品类有布袭、布绔、布复袍、皂复袍、讳衣、布、练、袭、復縑、绔；除此以外还有食物类，如糶粟；武器类，如大刀；动物类，如狐。

1. 肩水□□隧卒陈□，赍卖布袭一领，布绔一两，并直八百界□□。(73EJT1：55)《肩水金关》(壹)

2. 富端赍卖布复袍一领□。(73EJT1：61)《肩水金关》(壹)

3. □言之从关啬夫赍糶粟，□□□□。(73EJT1：66)《肩水金关》(壹)

4. 元康四年十一月□□。百约（纳）至□□五年□（左齿）。(73EJT1：123)《肩水金关》(壹)

5. 肩水戍卒梁国睢阳同廷里任辅，自言赍卖白布复袍一领，直七百五十，故要房□。(73EJT3：104)《肩水金关》(壹)

6. □……□□佐丰移肩水候官□□□□来时长初来时，登山隧长孙君房从万赍买执适隧长丁□。□任府书曰：卒赍卖予吏，及有吏任者，为收责有比书到愿，令史以时收责迫卒且罢亟报如律令□。(73EJT7：25)《肩水金关》(壹)

7. 肩水候□□施刑属删丹贫急毋它财物以偿责府□。□令史不禁公令丁君房任赏从万等赍卖狐。(73EJT11：15)《肩水金关》(贰)

8. 赍大里□□。(73EJT21：372)《肩水金关》(贰)

9. □卒李朔赍卖绔□。(73EJT21：451)《肩水金关》(贰)

10. 元始六年二月庚□，从关啬夫赍□粟□。(73EJT23：201A)《肩水金关》(贰)

11. 阳夏官成里陈青臂……贳卖皂复袍一领，直二千六百，故箕山隧长氐池□□□赵圣所，又钱廿，凡直二千六百廿，付□□二……已入八十，少二千五百卌毕□付。（73EJT23：320）《肩水金关》（贰）

12. ☑领，直五十五，又贷幼麦二石六斗，直二百六十，贳买幼百布绔一两，布袍一领。（73EJT23：374）《肩水金关》（贰）

13. ☑贳卖皂☑。（73EJT23：687）《肩水金关》（贰）

14. ☑水门隧卒成弱郭徒毋何贳买皂布一匹，直三百。（73EJT23：925）《肩水金关》（贰）

15. ☑贳卖布一匹，贾钱二百五十，贷钱百卌，凡直三百九十，故水门隧长尹野所☑。（73EJT23：963）《肩水金关》（贰）

16. 广野隧卒勒忘，贳卖缥一匹，隧长屋阑富昌里尹野所，□。（73EJT23：965）《肩水金关》（贰）

17. 受降卒当里宋钳，贳官练袭一令，直千，涺涫平旦周稚君所。稚君舍在会水候官入东门得术西入酒泉东部候，史不审里孙中卿妻秋在，毕。（73EJT23：969）《肩水金关》（贰）

18. 建始二年七月丙戌朔壬寅，鱳得□佗里秦侠君，贳买沙头戍卒粱国下邑水阳里孙忠布，值（左侧有刻齿）。（73EJT24：28）《肩水金关》（贰）

19. ☑自言，迺十二月贳卖菅草袍一领，橐絮装，买钱八，鱳得寿贵里李长君所，任者执适隧长。（73EJT26：54）《肩水金关》（叁）

20. 本始元年十一月戊子朔壬辰，□□君贳戍年□□□☑。（左侧有刻齿）（73EJT26：213）《肩水金关》（叁）

21. ☑□里黄□，贳买□□资□里高赏复縑一匹，贾□，知券齿，古酒旁二斗□☑。《肩水金关》（叁）

22. ☑□七百五十讳衣，直二百卌，约至五月毕已，延陵中倩任，故酒彭二斗。（73EJT28：17）《肩水金关》（叁）

23. 甘露三年二月乙卯朔庚午，肩□移广地省卒不贳卖衣财物名籍

爰☑。（73EJT28：55）《肩水金关》（叁）

24. 望松隧卒赵山自言贳卖官布☑。（73EJT33：56A）《肩水金关》（肆）

25. 广地卒赵国邯郸邑里阳城未央，贳卖大刀一，贾钱二百五十，都仓□□□□男子平所，平直百五十。△卩。（73EJT37：767）《肩水金关》（肆）

26. ☑毋所贳卖☑。（73EJD：102）《肩水金关》（伍）

27. ☑□陈忘，自言十月中贳卖☑。（73EJD：139）《肩水金关》（伍）

28. 阳朔三年九月庚辰，莫当队卒张柱贳卖官☑。（73EJD：227）《肩水金关》（伍）

29. 为贳卖八百七十五。（73EJC：252A）《肩水金关》（伍）

30. ☑□贳匠里李赦☑。（73EJC：466）《肩水金关》（伍）

第四节　《敦煌悬泉置出土文书研究》中贳买卖文书辑解

《敦煌悬泉置出土文书研究》共收录贳买卖文书12件，内容完整，贳买卖要素基本具备。最明显的是时间条款，其基本形式是年号、月份、干支三者叠加，或单用年号，这二者交互使用是当时历法改革在文书中的具体体现。

中国先秦时素有"改正朔"的传统，即皇帝以颁令的形式决定岁首。据《礼记·大传》云："立权度量，考文章，改正朔，易服色，殊徽号，异器械，别衣服，此其所得与民变革者也。"孔颖达疏曰："正谓年始，朔谓月初，言王者得政，示从我始，改故用新，随寅、丑、子所建也。周子，殷丑，夏寅，是改正也；周夜半，殷鸡鸣，夏平旦，是易朔也。"汉初沿袭秦朝正朔，正式确立于武帝时期。太初元年，武帝创立年号制度，为突出皇帝之尊，以年号纪年替代帝王在位纪年，改变了中国古代的纪年方式。年号制度行用后，前代"改正朔"之制自此变革，后世统治者极少改岁首或月首。新帝登基，改年号，遂成为中国政治文化传统的惯例。

1. 竟宁元年六月戊戌朔癸卯，临泉亭卒胜之贳买草章单衣，直四百八十，效谷得王里周田所，约至七月辛巳取钱。旁人成乃始。A

四百八十（左齿半字）。B（ⅡT0215：331AB）

2. 建始二年十一月辛未，马少君贳卖戴□利皁袭一领，贾钱千钱，约以入五月廿□⊘。（ⅡT0314：417）

3. 戍卒东郡观邑市南里张延年，自言贳卖布复绔一两，直三百八十，效谷宜禾里董功所。闰月癸亥付。奉候官。敦煌。已入三百八十毕，卿田□。（ⅡT0214：32）

4. □陈留外黄步里杨□□□，绔襦一领贾钱四百，约至五月廿日钱已。任者，张经译小史□□□□□长□□。（ⅡT0114⑥：61）

5. 神爵三年十月戊午朔己未，效谷高议里公乘赦之，贳买上党郡余吾邑东乡官市城东里周解襦一领，贾钱千，锦七尺，直四百五十，约及五月钱毕。韩望知券齿（左齿）。A

赵中贤皆知券沽酒方一斗。B（ⅠT0112：AB）

6. 效谷不审里戴长君，贳买陈复袭一领，直六百三，不与平，万岁杨威戍卒僑陵邑安乘里谭丰。（VT1309：24）

7. 戍卒颍川郡□里李□，自言元年五月中贳卖绢二匹，直九百。故破胡隧长效谷。（ⅡT0213：109）

8. 东郡武阳利功里王勃，贳买练纬一匹，直三百五十。范⊘。（ⅡT0114③：431）

9. ⊘段柱为同县大穰里任居，正月司御贾钱六百，期月廿日毕。古酒旁二斗。旁人且少孙。（ⅡT0115③：63）

10. □□□望□里李稚君为效谷寿贵里承寄□七月司御贾钱千五百，

约至县官事。（IIT0213③：139）

11. 二月余合铁鉄七百册八枚，其四枚以诏书贳卖予贫民，廿一枚卖雏，直二千二百八十九，百九，校七百廿，七百廿三见，□□校百九钱，校，□□□。（IV0317：8）

12. 甘露五年二月癸酉朔庚辰县泉啬夫申奴□□□□□□□□定汉里赵顺所约至九月得三千四百九月毕……（左齿）。（IIT0115③：68）

第五节　其他简牍及文献中的贳买卖文书辑解

《流沙坠简》和《居延汉简甲乙编》中的这两件贳买卖文书，最有特点的是保证条款明确、具体。这两件文书详细记载了贳买卖交易保证人的身份及名字，其作用为增强契约履行的稳定性。

《汉书·高祖纪》记载汉高祖贳买酒的情形，也明确了其贳买行为有文书的记录，进一步说明贳买卖是当时一种常见的交易方式。

1. 神爵二年十月廿六日，广汉县廿郑里男子节宽德卖布袍一，陵胡隧长张仲孙□所贾钱千三百，约至正月□□。

任者□□□□□□。（简面）

正月责付□□十。时在旁候史长子仲、戍卒杜忠知卷□。沽旁二斗。（简背）（《流沙坠简·屯戍丛残考释·杂事类》）

2. 七月十日，鄣卒张中功贳买皂布章单衣一领，直三百五十三。墤史张君长取钱，约至十二月尽毕已。旁人临桐史解子房知券□⊘。（《居延汉简甲乙编》上册叁《图版》甲图版壹零壹，编号一三七三）

第三章　借贷文书辑解

所谓"借贷"，先秦文献中称为"傅别"。《周礼》《管子》《孟子》《汉书》《淮南子》等传世文献中均有对于借贷源流的考证。

《周礼·天官·小宰》载："听称责以傅别。"孙诒让谓："称责，谓贷子。傅别，谓券书也。听讼责者，以券书决之。傅，傅著约束于文书。别，别为两，两家各得一也。"傅别，故书作"傅辨"，郑大夫读为："符别"，杜子春读为："傅别"。玄谓"政谓赋也"。凡其字或作政，或作正，或作征，以多言之宜从征，如孟子"交征利"云。傅别，谓为大手书于一札，中字别之。书契，谓出予受入之凡要。凡簿书之最目，狱讼之要辞，皆曰契。①

《管子·轻重丁篇》云："桓公曰：峥丘之战，民多称贷，负子息，以给上之急，度上之求。"《孟子·滕文公篇》云："又称贷而益之。"赵注云："称，举也。有不足者，又当举贷子倍而益满之。"索隐云："子谓利息也。贷子，盖汉时常语。"《汉书·淮阳宪王钦传》云："颜注云：'责，谓假贷人财物未偿者也'。"②

《释名·释书契》："券，缱也，相约束缱缱以为限也。"云："听讼责者，以券书决之"者，凡称责而抵冒不偿，或偿不如约及谓予而诬贷，已偿而妄索，以此成讼者并以券书之有无为决之。云："传，传著约束于文书"者，《淮南子·原道训》高注云："传，著也。"谓为文

---

① （清）孙诒让：《周礼正义》，中华书局2013年版，第167页。
② 同上，第171页。

书，列其称责之数，又为约束何时偿还及子息多少，并传著于券书之上。此为整券，不中别为两也。云：别，"别为两，两家各得一也"者，《广雅·释诂》云："别，分也。"《士师》亦云："傅别"，先郑注云："若今时市买，为券书以别之，各得其一。"义与此同。案：此亦傅著约束于文书，但其初书时，为一券书讫，乃中别为两，所贷与予者各得其一，与傅为一券止一家得之者异也。①

先秦时管子、孟子等先贤对于借贷行为本身进行了诠释，后人郑玄、刘安对于借贷行为的发展进行了解读，使其便于理解，也有助于我们进一步分析其中的法律内涵。

从目前掌握的汉简内容可知，汉时的人们，当家中贫穷而遇到自然灾害、重大疾病等突发事件时，需要到富人处借钱财来渡过难关，《论衡·量知篇》载："农商殊业，所畜之货，获不可同，计其精粗，量其多少，其出溢者名曰富人，富人在世，乡里愿之。"在汉代的西北地区，自然环境艰苦，《盐铁论》载："边郡山居谷处，阴阳不和，寒冬裂地"；《汉书·匈奴传下》载："幕北地平，少草木多大沙"。因此，西北边地生活物资匮乏，经济较中原地区不发达，当地居民和戍卒易受自然灾害的影响而陷入经济的窘境，所以借贷现象非常多。

目前搜集到记载汉代借贷的简牍有 370 余条，通过对其整理研究，大概能窥见其时的借贷景况，这有利于探求借贷关系的诸多影响因素，以及国家公权力参与其中的方式与效果。

第一节 《居延汉简释文合校》中借贷文书辑解

《居延汉简释文合校》收录的 106 件借贷文书，从记载借贷内容的

---

① （清）孙诒让：《周礼正义》，中华书局 2013 年版，第 171～172 页。

文书性质来看，有普通的契约文书，有负债名籍，还有起诉偿债文书和爰书，种类非常丰富，可以洞见其债务的流转状况。另外，从借贷行为的保障方式来看，政府对于债务进行登记、管理，并动用其行政权力催缴债款，当然，有时也需要用法律的强制手段来保证债务的顺利履行。

1. 收责报会月十日，谨以府书验问，子都名亲辞故居延令史乔子功。（3·2）

2. 三□□长徐宗，自言故霸胡亭长宁就舍钱二千三百卅，数责不可得。（3·4）

3. 隧长徐宗，自言责故三泉亭长石延寿茭钱少二百八十，数责不可得。（3·6）

4. 出糜子一斗，贷䣄卒张抹，十月二日。（4·12）

5. ☑负二千二百卅五算。

率所负卅六算，奇十三算。（6·12）

6. ☑月，责不可得。（6·16）

7. 临桐隧长□仁，九月俸钱六百已偿朱子文，文自取。（6·17）

8. 地节二年六月辛卯朔丁巳，肩水候房谓候长光，官以姑臧所移卒被兵本籍为行边兵。丞相史王卿治卒被兵以校阅，亭隧卒被兵皆多冒乱，不相应或易处不如本籍。今写所治亭别被兵籍并编移书到光，以籍阅具卒兵，兵即不应籍更实定此籍，随即下所在亭，各实弩力石射步数令可知，赍事诣官，会月廿八日夕须以集为丞相史王卿治事课后不如会日者必报毋忽，如律令。（7·7A）

9. 青背又责，临之隧长薛忘得，七百七十八，谒报敢言之。（24·13）

10. 弘、胜之皆谢贤曰：会坐文事毂论用自给，请今具偿责，弘未得责，胜之已得粟二石，直三百九十，糜三石，直三百六十，交钱三百五十，凡已得千一百，少二千四百今。（26·9A）

11. ☑牧监来出□收责，未能会会日入请日夜☑。（27·23）

12. 灭虏□戍阻，梁国蒙东阳里公乘左咸，年卅六，自言责故乐哉□长张中实，皁练一匹，直千二百，今中实见为甲渠令史。（35·6）

13. 责钱善食马并曰诺即持程卿书因细君，取马及责钱五千，细君代其三千钱为□。（35·12，135·21）

14. 第廿三候长赵佣，责居延骑士常池马钱九千五百，移居延收责重●一事一封十一月壬申，令史同奏封。（35·4）

15. 十月己酉，第六隧长寿敢言之（觚）。（36·20A）
寿已予市人两雌寿当责，市人二双□。（36·20B）
□惟谨已具谒报候官□。（36·20C）

16. □□□□系□□罪责□□部邮亭□不在□□□□出在□取□□□□□。（37·34）

17. ☑□八百五十率百钱人□☑。☑毕三百五十。（39·26）

18. 穷虏隧长陈偃，自言责肩水☑。（44·22）

19. 去□以□寒责，今□君又未知。（53·10）

20. 不侵守候长成敕之，责广地燧长唐丰钱八百，移广地候官●一事一封八月壬子尉史并封。（58·11）

21. ☑官女子周舒君等自言责隧。（58·15A）

22. 建昭元年九月丙申朔乙卯觚☑，居延都尉府令居延验问收责☑。（72·10）

23. ☑三老毕贷钱☑。（103·39A）

24. 伐胡卒高武，钱五百又粟十石，皆所发贷。（110·37）

25. ☑成承禄偿居延卒李明长襦钱二千六百钱☑。（116·40）

26. ☑十二月奉留责钱五百六十。（123·31）

27. ☑隧卒冯利亲自言责候☑。（127·17）

28. ☑臣多羊偿卒□钱。（127·18）

29. ☑已官移居延书曰，万岁里张子君自言责临之□长徐☑。☑书由□□□□留□张子君问缯布钱少千八百五十五。（132·36）

30. ●右二牒直三千三百卅，其九百□以前付夫人□，啬夫□□右入二千三百九十毕。（141·3）

31. 戍卒唐护等自言责孙游君等□。（143·8）

32. ☑责备偿会□。（143·13）

33. 宣十二月中，使妻细君持使偿郭敞马钱，细君未行。（145·1）

34. ☑逋贷谷已入未备簿县□别。（145·10）

35. □今遣遂收取所亡杯杆贾直乃☑。（145·28）

36. 言小府当偿责小府□可得以君仲辞召。（145·36）（145·24）（317·4）

37. ☑陈子高为□付之☑。（146·39）

38. 取白布单衣为责郝□☑。（155·13B）

39. 责殄北石□长王子恩官袍一领，直千五百铼庭□卒赵回责殄北备寇☑。（157·5A）

40. 甲渠士吏孙根，自言去岁官调根为卒，责故甲渠施刑宋后负驷望卒徐乐，钱五百，后至卒。（157·11）

41. □责不可得证所言不服负爱书自证●步光见为俱南□长不为执胡□长。（157·12）

42. ☑等自言责，亭长董子游等各如牒移居延●一事一封五月戊子尉史疆封。（157·17）

43. 弘□来问子长不辨前弘与子长□已责事奉钱出已时言之。弘欲正月十日往之子长所，弘状子长所，为□□必有载●谨请聂伯奉书奏，李子长郑子孟记。（157·25B）

44. ☑秋里孟延寿自言当责甲渠候官尉史王子平□□☑。（158·3）

45. ☑候长张子恩钱三百数，责不可得。（158·20）

46. ☑到即当责☑。（176·32）

47. 充贵言报书甚不可书到愿，令史收责报吏☑。（178·2）

48. 积为刺史大守君借侍毋省河西☑□。（178·3）

49. 出百五十，付当南候长□宗，以偿就粟，钱毕，不当复偿☑。（178·8）

50. 依偌俶贷卒享赐。（182·38A）

51. 告肩水候官，所移卒责不与都吏□卿。所举籍不相应解何记到遣吏抵校及将军未知不将白之。（183·15B）

52. 自言责甲渠令史张子恩钱三百☑。（185·27A）

53. 为胜若子其所取钱予中男。（185·34A）

54. 鄣卒杜福责故尉□四百士吏谭主收得毕见。（190·13）（190·14）

55. 所责卒恭钱及枭就钱又十七候长五十☑。（190·3）

56. ☑责不可得☑。（201·7）

57. ☑□□□为□□券书甲财务一钱☑。☑□□□到二年三月癸丑☑。（202·15）P314

58. 责交钱千☑。（202·26）

59. 出钱三千八百六十六□居延责钱。（209·2A）

60. 阳朔元年八月乙亥朔辛卯，当☑百卅五愿以八月奉偿放☑。（213·41A）

肩水。（213·41B）

61. 一事书□验问收责有□☑。（214·11）

62. ■右候长弘□长充责钱凡九☑。（214·60）

63. 临之□长王君房，负季子六百六十，六百已入少六十。（220·16）

64. ☑书曰，大昌里男子张宗责居延甲渠收房□长赵宣马钱凡四千九百二十，将召宣诣官，□以□财务故不实臧二百五十以上□已，□□□□□□辟。

☑赵氏故为收房□长，属士吏张禹宣与禹同治乃，永始二年正月中，禹病，禹弟宗自将驿牝胡马一匹来视禹，禹死，其年不审日，宗见塞外有野橐佗□□□□☑。

宗马出塞逐囊佗，行可卅余里，得囊佗一匹还，未到☒宗马萃僵死，宣以死马更所得囊佗归宗，宗不肯受，宣谓宗曰，强使宣行马幸萃死，不以偿宗马也☒。

☒共平宗马直七千，令宣偿宗，宣立以☒钱千六百付宗，其三年四月中，宗使肩水府功曹受子渊责宣子从故甲渠候杨君取直三年二月尽六。（229·1）（229·2）

65. 武强☒长并持延水卒，责钱诣官闰月辛酉☒。（231·28）

66. ☒☒忠钱便以偿☒。（236·3）

67. ☒候长章☒偿☒。（243·11）

68. 吞远候史季赦之，负不侵卒解万年剑一，直六百五十，负止北卒赵忠袭裘一直三百八十，凡千卅☒。（258·7）

69. 甲渠卒尹放自言责市阳里董子襄马游君☒。（261·42）

70. ☒收责愿之居延候视元为治。（265·45）

71. ☒令史验问收责☒不服移自证☒。（270·22）

72. 建昭元年☒☒☒诸官☒卒责书。（272·29A）

建昭元年三月尽☒诸官☒责书。（272·29B）

73. ☒石以石约至九月☒必以，即有物故知责家中见在者。（273·12）

74. 处君所负卒责钱☒。（274·3）

75. ☒责券簿（274·32）

76. 移书☒☒☒武辞子男☒☒☒，居摄元年九月十日，☒☒间居隧住不审里孟宪贾钱☒六百宪☒十月☒。（276·2）

77. ☒☒明十一日勋复之木中☒责戒戒谓勋曰不耐予汝粟☒。（276·13）

78. ☒☒诣官还责钱十一月甲戌蚤食人。（276·14）

79. 钱四百今☒负子举钱百八十愿以帛☒。（279·16A）

80. 出吞远士吏平四月奉，四月庚戌，令史博付仓曹史孙卿偿具丽卒陈☒。（279·17）

81. ☑自收责敢言之。（279·19）

82. 初元四年正月壬子，箕山隧长明敢言之。赵子回钱三百唯官，以二月奉钱三☑（282·9A）

以付乡男子莫以印为信，敢言之。（282·9B）

83. ☑官告第四候长徐卿郭卒，周利自言当责第七隧长季由。☑百记到持由三月奉，钱诣官会月三日有。（285·12）

84. 令史王卿记愿宁卿开户，出小☑复丰，婴中有米七斗及巩中皆并遣，丰，愿以宁卿印封之，叩头甚幸甚幸。养卒汜彭出五月食，以其一石二斗付丰。（287·15A）

85. 部卒丰当偿钱少粟三石愿宁卿收取之丰校计。（287·15B）

86. 迎奉食钱未持来自责之不得劾之贤即责弘胜之弘负千三百胜之负三千五百。（312·1）

87. 为高沙吏偿高沙卒釜钱☑。（312·15）

88. 宪所以器物钱为登毕卒责即以毋何奉钱一百一十五为登偿卒郭市人襦钱令毋何自言府毋何不。（326·22A）

89. ☑偿者趣备。（349·8）

90. 五月奉偿以印为信敢言之。（387·20A）

91. ☑田卒张诩等自言责男子彭阳☑。叩头死罪敢言之。（395·15）

92. 孤山☑长何昌责乘胡☑长朱德☑。（405·2）

93. ☑有责直五千☑。（435·14）

94. ☑☑敢偿故候长朱平入所负官钱。（455·14）

95. 元延元年十月甲午朔戊午，橐佗守候护移肩水城官吏自言责啬夫牵晏如牒书到，验问收责报如律令。（506·9A）

水肩塞尉印。即日啬夫☑发。十月壬戌卒周平以来，尉前，佐相。（506·9B）

96. 所负请八月以福☑奉偿移居延。（507·14）

97. 入南书五封三封都尉印一诣府，以诣☑☑大守府六月九日责戍属行谨□。在尉所诣□寿掾革一合渠甲塞尉印诣会水塞尉六月十一日起一□史候史印诣官六月十八日起十六年六月十七日平旦时囊他□长万世受破胡弛刑孙明。（552·3）（552·4）

98. 出钱百一十五行直付，出钱百卅，□付还。（562·3B）

99. 东部候史任褒责王子惠钱六百。（564·19A）

100. 责□九月乙□□∅。（577·2）

101. ∅完。（577·3）

102. 月十八日出八百贷余二百两络用。（甲附10B）

103. 元延三年四月丙戌朔庚戌，鉼庭候史□敢言之府移珍北书曰□□。

□卒子章自言责第卅八□长赵□，官袍一领，直千四百五十，验问收。（甲附22）P671

104. 元寿二年三月甲子朔丁丑中部候史薛君伯∅。竞十一月钱毕，捐不得忠藏责君伯钱君伯即∅。（甲附41）

105. ∅□□就钱君强取利□□∅。（乙附9B）

106. ∅∅。□□□当责许子方钱百延年十二月正月未取。（乙附48A）

□鄣□□□□。（乙附48B）

第二节 《居延新简释校》中借贷文书辑解

《居延新简释校》中收录的148件借贷文书，记载了当地居民之间、当地居民与戍卒之间以及戍卒与戍卒或戍吏之间的借贷情形。其借贷主体方面记载较细致，从参与借贷的戍吏身份来看，多是亭长、隧长、候长、尉史等本地基层官吏，这从一个侧面也说明，借贷行为的主体身份平等，不因其政治身份的差异而享有不平等交易特权。

1. ☑国天凤一年十一月庚子朔丙辰，尉史尚敢言之，乃月十三日到居延将候长艿良及☑业等还□苍□即日，候长艿良傅育并妻业责已决，□□长。（E.P.T4·1）

2. □□负偿逋未入者□☑。（E.P.T4·27）

3. 甲渠戍卒淮阳始□□宁□，自言责箕山□长周祖从与贷钱千，已得六百少四百。（E.P.T4·92）

4. 出所负农都尉属陈宣钱二千，建昭四年十一月壬子，市阳里吕敞付辞□☑。（E.P.T5·7）

5. ☑少偿元年五月庚辰尽七月积二月廿一日食☑。☑年十二月尽二年三月积四月小畜直月六斗☑。☑升少☑。（E.P.T5·21）

6. ［☑察微隧长……☑验问收责遣范卿送致邑中舍叩＝头＝。（E.P.T5·23）

7. 今月廿六日旦到尉治所尉责问□☑。（E.P.T5·143）

8. 卒责赏☑。（E.P.T5·160）

9. ☑自言责三十井☑。（E.P.T5·189）

10. ］☑□□□赤责右☑。（E.P.T5·263）

11. 吏候长傅育等当负趣，收责会十二月五日……（E.P.T6·58）

12. 官诣府对使收责育等皆毕……诣。（E.P.T6·61）

13. 府叩头死罪敢言之。（E.P.T6·62）

14. 甲沟言米糒少簿尉史候长傅育等当负收责皆毕，遣尉史持□诣府。（E.P.T6·65）

15. ☑□乃偿□□□今为。（E.P.T6·116）

16. ☑二年二月卒责。（E.P.T10·17）

17. ☑习为万岁□长黄禹偿卒□☑。（E.P.T27·67）

18. 终古队卒王晏言，队长房五月廿日贷晏钱百，七月十日籍白单衣一领，积十五日归，七月五日籍晏胡靲一，直二百五十，七月十日使晏伐茭七百束，又从卒利亲贷平二件，晏其夜从毋伤□户出见卒王音＝

不告吏。（E. P. T40·6A）

19. ☑……十□长张敞……粟□石八斗在部收责已得谷四石为米，□少一石四斗为谷二石四斗，□长陈尚焦水等贫困请以二石□□□□。（E. P. T40·9）

20. 第廿三部责泉三百廿少六百八十☑。（E. P. T40·20）

21. ☑月丁酉令史芎良付收五百偿万岁部吏。（E. P. T40·72）

22. 负□卒贾光泉三百☑。（E. P. T40·193）

23. ☑叩头死罪言贷以元寿四年……☑。（E. P. T49·65）

24. ☑……故主官赵偹，永始四年八月奉钱六百谨验问，偹辞故为甲渠主官☑……用中贾人李谭之甲渠官自言责昌钱五百□八偹以昌奉……□验问谭辞与偹验余五十二付昌部候长乐博。（E. P. T50·23）

25. ☑年三月卒责故吏名☑。（E. P. T50·131）

26. ］久负君仲夫☑。（E. P. T50·133A）

［所疾苦故与☑。（E. P. T50·133B）

27. 绥和元年正月渠。（E. P. T50·198A）

［卒责卷↓。（E. P. T50·198B）

28. 九人迁责，汉光武故遣两吏收。（E. P. T51·1）

29. 障卒尹赏自言责第廿一隧徐胜之长襦钱少二千。（E. P. T51·8）

30. 司马令史腾谭自言责甲渠遂长鲍小叔负谭食粟三石，今见为甲渠遂长。（E. P. T51·70）

31. 察微隧长卑赦之。负夏幸钱五百卅●负吞北卒□□□□。负昌昌钱二百五百五十皆□□。皆已入毕前所移籍当去。（E. P. T51·77）

32. 直三千一百八十，若贪利欲不尽予安定等钱，令安定等自言乃予钱若不。（E. P. T51·120）

33. 免未赏从卒驹欵已贷钱百廿三，不当偿，证所言它如爰书。（E. P. T51·194）

34. 十二月辛巳第十候长辅敢言之，负令史范卿钱千二百，愿以十

二月奉偿，以印为信，敢言之。（E. P. T51·225A）

官。（E. P. T51·225B）

35. □长王凤责广地□长尹便钱六百，重移广地候官。（E. P. T51·241）

36. □□□单卿受偿千三百五十。（E. P. T51·330）

37. 鉼庭□长宗二百廿十三，又候史淳于光二百廿，又责卅一□。（E. P. T51·346）

38. 五十●凡钱千偿胜之●延年前□。（E. P. T51·373）

39. 朱君长偿鸡钱廿。（E. P. T51·402）

40. □自言责甲渠终古□长徐带履钱百六十服负。（E. P. T51·407）

41. 制房长徐严居延。·自言为居延当隧□。单衣钱七百数责□。（E. P. T51·469）

42. ［□君来责春君□。（E. P. T51·503）

43. □责故卅井广地□长□赣等钱赣等在居延移居延验问□。（E. P. T51·519）

44. 第一卒史武∫责胜之□长孟□。（E. P. T51·539）

45. □长钱百当偿府君奉钱。（E. P. T51·725）

46. 须妸偿君钱九千·都君□钱二□。（E. P. T53·130）

47. 望虏队长房良负故候长周卿钱千二百卅□。（E. P. T52·2）

48. □自言责士吏孙猛脂钱百廿·谨验问士吏孙猛辞服负已收得猛钱百廿丿。（E. P. T52·21）

49. 奉病不能视□戆以遣属令史董云责□。（E. P. T52·63）

50. 阳朔元年七月戊午，当曲隧长谭敢言之，负故止害隧长宁常交钱六百，愿以七月奉钱六百偿，常以印为信，敢言之。（E. P. T52·88A）

（注：原简上部右侧有刻齿。"当曲""七月"二字之间原各有留空）

甲渠官（E. P. T52·88B）

51. 建始元年九月辛酉朔乙丑，张掖大守良、长史威、丞宏，敢告居延都尉、卒人：言殄北守候塞尉护、甲渠候谊，典吏社受致廡、饭、黍、肉，护直百卅六，谊直百卅二。五月五日，谊以钱千五百偿所敛吏社钱。有书护受社廡不谨，谊所以钱千五百偿吏者审，未发觉。谊以私钱偿，毋罪名。书到如……（E. P. T52·99）

52. 武贤□长郑武自言负故不侵候长徐辅六百□☑。（E. P. T52·126）

53. 卅井第二庐卒南阳杜衍钟耐自言责塞尉富骏子男长☑。（E. P. T52·128）

54. ☑□子赵君回阜钱千二百，博士已得二百，少千，移居延更收责·一事☑。（E. P. T52·179）

55. □入谷钱六百偿中舍，又负丞□□□又二百八十五偿中舍，又负官簿余钱二百廿☑☑。又二百八十三梁粟又社贷千二百七十，又九十黍粟计受子恩还□贷二百六十。（E. P. T52·185）

56. 女子王恩等责候史徐光□长王根钱四百□，粟五石，谓吞远鉼庭候长☑。（E. P. T52·201）

57. ［贷钱三千六百以赎妇，当负臧贫急毋钱可偿知君者，谒报敢言之。（E. P. T56·8）

58. ☑自言责却虏□长徐意居钱百□。（E. P. T52·247）

59. 书到顷令史验问收责报敢言之☑。（E. P. T52·319）

60. 未竟敞毋食卫掾以府所贷甲渠☑。（E. P. T52·326）

61. 第七卒尊自言责广地隧长□☑。（E. P. T52·348）

62. ☑以偿所贷卒奉钱。（E. P. T52·404）

63. 建始元年九月辛酉朔庚午次。官令殄北候官收责不服负☑。（E. P. T52·485）

64. 石队＝卒张云阳卩↓自言责甲渠惊虏队长☑□庸□☑。（E. P. T52·487）

65. ☑言责第四候史董得禄☑。（E. P. T52・496A）

☑☑里☑☑。（E. P. T52・496B）

66. ☑自言责第十八☑长☑。（E. P. T52・506）

67. ☑廿巳偿糒四斗五升，令得之。毋予当道居钱谒言吏，敢言之。（E. P. T52・533）

68. ☑守候塞尉……☑☑润☑☑柴柱等三人☑☑。☑到愿令史验问收责☑☑☑。（E. P. T52・530）

69. 候长常富校计充即谓福曰，福负卒王广袍袭钱便☑，十二月奉钱六百。（E. P. T56・9）

70. 史晋、史偃再拜言，甲渠候遣令史延，赍居延男子陈护众所责钱千二百、女子张宜春钱六百、居延丞江责钱二百八十，凡二千八十。辞晋令史忠将护等具钱，再拜↓白。（E. P. T56・73A）

71. 史晋、史偃再拜言，甲渠候遣令史延，赍居延男子陈护众所责钱千二百、居延丞江责钱二百八十、女子张宜春责钱六百，凡史忠将护众子二千八十，请以付钱，辞晋令史忠召护众等见此具，再拜白。（E. P. T56・73B）

72. 五凤四年六月庚子朔戊☑☑。故☑使不在知责游卿家☑☑。（E. P. T56・258）

73. 神爵二年五月乙巳朔乙巳，甲渠候官尉史胜之谨移☑。衣钱财物及毋责爰书一编敢言之。（E. P. T56・283A）

印曰尉史胜之印五月乙巳尉史胜之以来。（E. P. T56・283B）

74. ☑☑☑十月责不可☑。（E. P. T56・349）

75. 当☑窦穄君负甲渠卒☑。（E. P. T56・385B）

76. ☑☑☑☑。视次☑☑次奴☑。责少得二千☑许☑公☑☑☑。责☑☑二千☑。（E. P. T56・389A）

第……☑……（E. P. T56・389B）

77. 凡责☑。（E. P. T57・126）

78. 责季子真八百☒。（E. P. T58・9）

79. 第三☐长音责☒。（E. P. T58・71）

80. 鄣卒☐解忧所。（E. P. T58・72）

81. ☒十四人毋责不冤失☐☒。（E. P. T58・90）

82. 临之隧卒魏郡内黄宜民里尹宗，责故临之隧长薛忘得，铁斗一，直九十；尺二寸刀一，直直卅；缇绩一，直廿五；凡直百☐五。同隧卒魏郡内黄城南里吴故，责故临之隧长薛忘，三石布囊一，曼索一具，皆☐。忘得不可得，忘得见为复作。（E. P. T59・7）

83. 贷甲渠候史张广德钱二千，责不可得，书到验问，审如猛言，为收责言谨验问广德。对曰乃元康四年四月中广德从西河虎猛都里赵武取穀钱千九百五十，约至秋予。（E. P. T59・8）

84. 责不可得，书到验问，审负知君钱白报谨验问，当辞曰乃十一月中从知君。（E. P. T59・13）

85. 会计从当还钱九百六十万，年当还钱千四百七十☒。（E. P. T59・37）

86. ☒丰责，居延男子张君孙襄絮一枚，直百三十五，入三十五。（E. P. T59・38）

87. 皁单衣毋鞌马不文史诘责，骏对曰，前为县校弟子未尝为吏，贫困毋以具皁单衣冠鞌马。谨案尉史给官曹治簿书府官☐使乘边候望为百姓潘帀县不肯除。（E. P. T59・58）

88. 责第卅七队卒尹禹字君伯候史张君卿任卩。（E. P. T59・64）

89. 责第卅三队卒纪常富字子严布二匹，直千五百，候史张君卿任。（E. P. T59・70）

90. ☒负官钱九千七百廿。（E. P. T59・184）

91. ☒验问收责☒。（E. P. T59・459A）

☒乃☐☒。（E. P. T59・459B）

92. ☒敬案令史当责。（E. P. T59・568）

93. 鉼庭候长充责骑士淳☑。（E. P. T59·586）

94. ☑□□□宏……至今不肯为急，谨此记行问人☑□□赣顷记□……宏何□下与范君上相见不肯为尉。（E. P. T59·652A）

□□□□上宏……长赣所稟董崇黄少不在范君所移……□自责范君上宏欲得余。（E. P. T59·652B）

95. ☑……☑□卅井责未还出更算……☑。☑□□转射皆完唯官以□赋令吏□□敢言之☑。（E. P. T59·688）

96. □责何赏☑。（E. P. T59·742）

97. ☑□□债，三月壬申□钱□□□□☑。（E. P. T59·875）

98. ☑自言贷候史徐威☑。（E. P. T61·1）

99. ☑郑候长来愿贷粟八斗。（E. P. T65·91A）

☑再拜白。（E. P. T65·91B）

100. ☑王立负张殷缣十丈，直谷六石，立见在县仓曹舍。（E. P. T65·231A）

☑及所更叩头……□□□少……☑。（E. P. T65·231B）

101. ☑自言责甲渠□卅一☑。（E. P. T65·351）

102. 府记曰守塞尉放记言，今年正月中从女子冯□借马一匹，从今年驹四月。（E. P. F22·188）

103. 九日诣部到居延收降亭马罢止害隧长焦永行檄还放，骑永所用驿。（E. P. F22·189）

104. 马去，永持放马之止害隧，其日夜人定时，永骑放马行警檄牢驹。（E. P. F22·190）

105. 隧内中明十日，驹死。候长孟宪，隧长秦恭皆知状，记到验问明处言。（E. P. F22·191）

106. 会月廿五日，前言解谨验问，放宪恭辞皆曰今年四月九日宪令隧长焦永行。（E. P. F22·192）

107. 府卿蔡君起檄至庶虏，还到居延收降亭天雨永止须臾去尉

放使。（E. P. F22·193）

108. 士吏冯匡呼永曰，马罢，持永所骑驿马来，永即还与放马持。（E. P. F22·194）

109. 放马及驹随放后归止害隧，即日昏时到吞北所骑马更取留隧驿马一匹。（E. P. F22·195）

110. 骑归吞远隧，其夜人定时新沙置吏冯章行殄北警檄来永求。（E. P. F22·196）

111. 索放所放马夜买不能得还，骑放马行檄取驹牢隧内中去到吞北隧。（E. P. F22·197）

112. ☑□□□罢□□□□中步到……俱之止害隧取驹去到。（E. P. F22·198）

113. 吞北隧下驹死案，永以县官事行警檄恐负时骑放马行檄，驹素罢劳病死。（E. P. F22·199）

114. 放又不以死驹付永不当负驹，放以县官马擅自假借坐藏为请行法。（E. P. F22·200）

115. 获教勅要领放毋状当并坐叩头死罪敢言之。（E. P. F22·201）

116. 等三人捕羌虏斩首各二级当免为庶人，有书令以旧制律令为。捕斩匈奴虏反羌购赏各☑。如牒前诸郡以西州书免刘玄及王便等为民皆不当行书到以科别从事官奴婢以西州☑。（E. P. F22·221）

117. ·捕斩匈奴虏，反羌购偿科别。（E. P. F22·222）

118. ·其生捕得酋豪王侯君长将率者一人☑吏增秩二等，从奴与购如比。（E. P. F22·223）

119. 下其斩匈奴将率者将百人以上，一人购钱十万，吏增秩二等，不欲为☑。（E. P. F22·224）

120. 有能生捕得匈奴闲候一人，吏增秩二等，民与购钱十，☑☑人命者除其罪。（E. P. F22·225）

121. 能与众兵俱追先登陷阵，斩首一级，购钱五万如比。（E. P.

F22·226)

122. ☒有能谒言吏，以其言捕得之半与购赏。（E. P. F22·227）

123. 追逐格斗有功还畜参分以其一还归本主☒。（E. P. F22·228）

124. ☒……能持☐奴与半功。（E. P. F22·229）

125. 诸有功校皆有信验乃行购赏☒。（E. P. F22·230）

126. ·右捕匈奴虏购科赏。（E. P. F22·231）

127. 钱三万，吏增秩二等，不欲为官者与购如比。（E. P. F22·232）

128. ·有能生捕得反羌从檄外来为闲候动静中国兵欲寇盗杀略人民，吏增秩二等，民与购钱五万，从奴它与购‖如此。（E. P. F22·233）

129. 言吏＝以其言捕得之购钱五万，与众俱追先登☐☒。（E. P. F22·234）

130. ·右捕反羌科赏☒。（E. P. F22·235）

131. ·天子劳吏士拜☐它何疾苦禄食尽得不☐吏得毋侵☐假贷不赏有。（E. P. F22·243）

132. 者言。（E. P. F22·244）

133. ·吏士明听教↓。（E. P. F22·245）

134. 告吏谨以文理遇士卒☐病致医药加恩仁恕务以爱利省约为首☐毋行暴殴击。（E. P. F22·246）

135. 俱南☐长左隆☐借宝永自代休。（E. P. F22·268）

136. 建世二年↓正月甲子朔癸酉，甲渠守候诚谓。（E. P. F22·277）

137. 将军当行塞候长及并居隧借六尺延扁席如牒。（E. P. F22·278）

138. 勉致医药起视事谨候望方考行，如律令↓。（E. P. F22·279）

139. ☐人诗至麦埶，偿谷卅石，放即为出肉，得谷六石皆。（E. P. F22·384）

140. ☑府☑告，居延甲渠鄣候言，主驿马不侵候长业城北候长宏☑☑。（E. P. F22・477A）

☑居延以吞远置茭千束贷甲渠草盛伐茭，偿毕已言有。（E. P. F22・477B）

☑将军令↓所吞远置茭言会六月廿五日・又言偿置茭会七月廿日建武六年二月☑。（E. P. F22・477C）

☑☑☑驿马伐茭所三千束毋出七月晦。（E. P. F22・477D）

141. 少永当责□谷十三日乙巳到。（E. P. F22・535）

142. ☑☑☑日尽当乘隧自言府借人自代者勿☑。（E. P. F22・554）

143. 建……居延……卅井……□□□官奴婢捕虏，乃调给有书，今调如牒书，到付受相与校计，同月出入毋令缪，如律令。（E. P. F22・580）

144. 与俱居・况诚食乏今毋所食愿贷五斗。（E. P. F22・660）

145. ☑皆言・谨案汤贷与百。（E. P. F22・803）

☑三府记验☑。（E. P. F22・804）

146. ☑卿收责得三。（E. P. C・80）

147. ☑偿叩头死☑。（82E. P. C・1）

148. ☑自言责却胡□□□□□☑。（E. S. C・148）

第三节　《肩水金关汉简》中借贷文书辑解

《肩水金关汉简》收录了106件借贷文书，其借贷的标的物种类丰富，出现次数最多的是衣物类，如官绔、官袍、白素、絮、袭、复绔，其次是食物类，如谷、粟、茭等，还有货币等物，基本是生产与生活必需品，从中可以看出当地的物产情况，以及当地与中原地区的经济差异。

1. ☑☑收吏计以☑责如记上☑☑。（73EJT1：85A）《肩水金关》（壹）

2. ☑☑二☑三百少卅又责长孙大母☑☑（削衣）。（73EJT1：208）《肩水金关》（壹）

3. ☑☑☑☑肩水守府所移☑。☑☑☑责钱☑☑☑☑☑。（73EJT3：27A）《肩水金关》（壹）

4. 李长叔君急责人酒属得二斗内之☑☑。责人愿且复给三斗，叩头幸甚幸甚。（73EJT3：54B）《肩水金关》（壹）

5. 当与其偿入臧狱已决☑。（73EJT4：80）《肩水金关》（壹）

6. ☑袭一领，布复绔一两，并直千八百。又贷交钱五百凡并☑。☑大昌里丁当妻邮君所。（73EJT5：8A）《肩水金关》（壹）

7. ☑。足下善☑。☑负责数千钱☑（削衣）。（73EJT5：120）《肩水金关》（壹）

8. 居延都尉车……城官所负食马过律程榖☑☑☑☑……十五石……计曹☑☑☑负☑未偿……石收得九千一百……得。（73EJT6：47）《肩水金关》（壹）

9. ☑☑☑☑☑☑鞣得宜春里☑子☑所责钱千☑。（73EJT6：136）《肩水金关》（壹）

10. ☑☑负八百算☑。☑☑☑率所负百卅算奇二算☑。（73EJT6：143）《肩水金关》（壹）

11. 责肩水候君☑。（73EJT10：366）《肩水金关》（壹）

12. 黄龙元年十一月己亥朔辛丑，南乡啬夫贺敢言之，曾氏里公乘李禄年卅岁自言……（73EJT11：1）《肩水金关》（贰）

13. ☑书卒自言责☑如爰书☑☑。（73EJT14：32）《肩水金关》（贰）

14. 便予钱息幸甚息伏地，言关大麦石七十不☑☑。（73EJT21：73B）《肩水金关》（贰）

15. 徐翁仲贷谷小石☑。（73EJT21：82）《肩水金关》（贰）

16. 始元七年二月癸酉朔壬寅……直二百☑☑☑孙子约六月毕，入直平石一斗，即有物故知责家中。见在者赵季任。（73EJT21：112）《肩水金关》（贰）

17. ☑。孙当从居延来唯卿'张护成当责会水津吏胡稚卿来，其主责成急长孙知之前成过，自责之不得一钱。（73EJT21：176）《肩水金关》（贰）

18. ……☑□渠当责东门子□□……（73EJT21：253）《肩水金关》（贰）

19. ☑□责钱府。（73EJT22：12）《肩水金关》（贰）

20. ☑□奉偿。（73EJT22：152）《肩水金关》（贰）

21. □□付孔，出五百□□□□伯出卅二，三月☑□□一匹二丈出百，偿男唐。（73EJT23：6）《肩水金关》（贰）

22. 元延二年正月癸亥朔壬午肩水关啬夫钦以小官行。

事隧长章辅自言，遣收责橐他界中出入尽十二月晦如律令☑。（73EJT23：79A）《肩水金关》（贰）

23. ☑吏收责亟报迫卒且罢史敢佐定☑。（73EJT23：136）《肩水金关》（贰）

24. 之小计足道乎叩头，前所贷粟，今故遣史受教小计当直□，直人请自怜之，偿余计不敢忽悼再拜白奏……（73EJT23：279A）《肩水金关》（贰）

25. 布橐一，直百八十，布袜一两，直八十，始安隧卒韩诩自言责故东部候长牟放□□钱四百。验问收责，持诣廷放在城官界中谒移城官治决害□日夜□。（73EJT23：295）《肩水金关》（贰）

26. 都仓责安不得一钱也，赣不可毋予子都钱不至复☑。（73EJT23：404A）

□□□□□到今□为□责□□□□□□安幸甚节赣奉未出安请案

☑☑☑君言贛负☑。（73EJT23：404B）《肩水金关》（贰）

27. ☑塞虏隧卒爰鲁自言酒七月中贷故☑☑。（73EJT23：497）《肩水金关》（贰）

28. ☑御史为趣郡收责不能备得所责主名县或报毋令。（73EJT23：658）《肩水金关》（贰）

29. 夫人厚恩也今独尚马☑☑☑☑☑☑☑收责☑。（73EJT23：708A）《肩水金关》（贰）

30. ☑负十六，负十四☑。（73EJT23：720）《肩水金关》（贰）

31. ☑已五百☑☑☑。（73EJT23：721）《肩水金关》（贰）

32. 觜家☑☑☑☑。（73EJT23：722）《肩水金关》（贰）

33. ☑☑以偿张胜，出五十七劳令史杜卿。（73EJT23：733B）《肩水金关》（贰）

34. 府告肩水关啬夫许常负学师张卿钱五百录。（73EJT23：883）《肩水金关》（贰）

35. ☑☑九斗负啬夫三斗麦☑。（73EJT23：936）《肩水金关》（贰）

36. ☑☑☑☑表二壹通南。元始五年五月乙酉日，西中五分禁奸隧卒☑☑半分当利隧卒兼付安乐隧卒冯界中卅五程。（73EJT23：991）《肩水金关》（贰）

37. ☑都亭苏幼君帻钱少六十……☑。（73EJT24：209）《肩水金关》（贰）

38. 六月廿四责计责柳子文布一匹少百，责☑☑弩布一匹，直四百，入二百八十少百廿，责庞次君布一匹，直四百廿，出二百五十少七十。（73EJT24：263）《肩水金关》（贰）

39. ……大斤一大庙一所持封五安左以候属长卿，急责所受文君☑，主钱长卿必得☑☑封书☑长卿☑自北之橐他。（73EJT24：268B）《肩水金关》（贰）

40. 出钱千一百以偿☑。（73EJT24：673）《肩水金关》（叁）

41. 出钱千偿董长卿☑。出钱四百以付多年归予☑。（73EJT24：851）《肩水金关》（叁）

42. 贷毋次公十五忧长公十五李长史☑☑☑。（73EJT26：169）《肩水金关》（叁）

43. ☑贷卅石☑。（73EJT26：171）《肩水金关》（叁）

44. □□□□□□□□□□□□□□□□□□□□·十二月中□牛一黑字齿二赵秋取，直钱二百，又妇以五月作尽十一月廿二日。（73EJT27：15A＋16A）《肩水金关》（叁）

45. □赵秋见之水中·直钱三千□时□见赵秋朱子只见之水中死当负·凡并直万二千六百五十赵秋见当负·疆所取直千九百卅□正月中黑字牛一齿二溺死当负·又承登六□直四百廿……（73EJT27：15B＋16B）《肩水金关》（叁）

46. 麦一石，粟二石，直三百，凡子惠负千廿钱。（73EJT30：24B）《肩水金关》（叁）

47. 八月庚申，橐佗候贤谓南部候长定昌写移书到逐捕验问，害奴山枒等言案致收责□，记以檄言封传上计吏它如都郡府书律令。尉史明。（73EJT30：26）《肩水金关》（叁）

48. □以其百偿卒□□□。（73EJT30：80A）

士马食麦直二百□十以偿□□。☑其余以偿圣所☑。（73EJT30：80B）《肩水金关》（叁）

49. 累山戍卒淮阳郡夏平里夏尊自言贷骍北亭卒同县孟闾人字中君钱五百五十。（73EJT30：102）《肩水金关》（叁）

50. 负钱卅，凡所负子惠钱五百一十五。（73EJT30：122A）《肩水金关》（叁）

51. ·靳君仲入钱卅二万六千此下后入钱十万二。（73EJT30：136）《肩水金关》（叁）

52. 正月廿六日责和长卿家戴宾三千贷☑。（73EJT30：138）《肩水

金关》（叁）

53. ☑十月戊辰诈封致与关诈罪当俱出关以责士吏放为名☑。与赵君男孺卿俱来入关候故行至官以戊辰卿。（73EJT30：179）《肩水金关》（叁）

54. 服胡隧长忘得八十☐☑。陈秋自言责。（73EJT31：95）《肩水金关》（叁）

55. 出钱三千六百，其千六百偿故南部候长陈博河。平元十一月丁酉斗食给候长上官元八月尽十月奉。（73EJT31：158）《肩水金关》（叁）

56. ☐以过所移府书曰麟得步利里男子苏章自言责队。（73EJT31：166）《肩水金关》（叁）

57. ☑收责橐佗候官名县爵里年姓长物色如牒书到出入☑。（73EJT32：3）《肩水金关》（叁）

58. ☑☐吏卒责主☐☑。（73EJT32：61）《肩水金关》（叁）

59. 牛直四千将前负仓官钱今皆折冯奉☐贫急毋它财物原请。（73EJT35：6）《肩水金关》（肆）

60. 收责居延毋苟留止如律令。（73EJT37：91A）

61. ☐☐☐☐☐☐。（73EJT37：91B）《肩水金关》（肆）

62. ☑子小男良年三，收责橐他界中。（73EJT37：166）《肩水金关》（肆）

63. 鸿嘉四年九月甲午朔戊申☐☑。（73EJT37：259）《肩水金关》（肆）

64. 居延髡钳徒大男王外☑。（73EJT37：260）《肩水金关》（肆）

65. ☑所葆收责橐。（73EJT37：261）《肩水金关》（肆）

66. 元延元年六收责橐他名县☑。（73EJT37：273）《肩水金关》（肆）

67. 永光三年十一月壬午朔丁未，酒泉北部千人禹移过所，河津关

64

遣葆。平陵宜利里韩则年卅五，杜陵华阳里公乘吕义年廿九，乘轺一乘，牡马一匹，之居延收责毋苛留，如律令。（73EJT37：525）《肩水金关》（肆）

68. 入还絮钱六百八十……囗。（73EJT37：541）《肩水金关》（肆）

69. 肩水候写移书到验问，收责报会四月三日如大守府书律令/掾隧卒史博。（73EJT37：743）《肩水金关》（肆）

70. 囗当偿冯君上，白素六尺八寸，直百五十六……夫囗囗市。（73EJT37：794）《肩水金关》（肆）

71. 五千三百五十以给置，稍入过客威未尝署卒，不多钱得囗。（73EJT37：960）《肩水金关》（肆）

72. 破适隧卒鑯得万年里公乘马囗宫，年廿三，见责府同，十二月乙卯出入。（73EJT37：1082）《肩水金关》（肆）

73. 守属负盖之收责盗臧，居延乘家所占用马当舍传舍，从者如律令囗。（73EJT37：1097A）

张掖大守章……囗。（73EJT37：1907B）《肩水金关》（肆）

74. 囗。宪谓关啬夫吏据书葆妻子，收责橐他界中名县爵尽十二月，如律令。（73EJT37：1134）《肩水金关》（肆）

75. 囗囗级年十八囗年十七丰郭迹塞外君级戎，收责橐他界中尽十二月止（73EJT37：1168）《肩水金关》（肆）

76. 囗。囗二年九月囗。收责橐他囗囗。（73EJT37：1240）《肩水金关》（肆）

77. 出钱六十王殷贷囗。

出钱三百卅谭贷囗。

出钱百一十王武贷。（73EJT37：1307A）《肩水金关》（肆）

78. 出钱卅七常良贷，出钱十五侯卢贷囗出钱七十一陈功贷，出钱十四郭良贷，出钱二百七十七李放贷，凡九百卅四。（73EJT37：1312A）《肩水金关》（肆）

79. ☑。信年卅五☑。年十五·送迎收责橐他界。（73EJT37：1315）《肩水金关》（肆）

80. 原且贷七十一，乃为行道用者不宜☐财不行出入叩头。（73EJT37：1442A）《肩水金关》（肆）

81. 绥和二年十二月甲子朔己丑，宛邑市丞华移过所县……诸责人亡，贼处自如弘农三辅，张掖居延郡界中当舍传舍……☑。（73EJT37：1454）《肩水金关》（肆）

82. ☑四百六十五人三百少百六十五，当责赵赣定少☑。（73EJH2：58）《肩水金关》（肆）

83. ☑令堪封曰富民多畜田出贷☐☑。（73EJF1：3）《肩水金关》（肆）

84. 治民之道宜务兴本广农桑☐☐☐，来出贷或取以贾贩愚者苟得逐利☐☑。（73EJF1：6）《肩水金关》（肆）

85. 言欲可许臣请除贷钱，它物律诏书到县道官得假贷钱☐☐，县官还息与贷者它不可许它别奏臣方进臣光愚戆顿首死罪☑。（73EJF1：7）《肩水金关》（肆）

86. 八月戊戌丞相方进重，今长安男子李参索辅等自言占租贷，又闻三辅豪黠吏民复出贷，安受重质不止疑郡国亦然书到☑。（73EJF1：10）《肩水金关》（肆）

87. 赏得自责母息，毋令民办☐相残贼，务禁绝且贷令☑。（73EJF1：11）《肩水金关》（肆）

88. ☑☐作宜可益倍其☐☐☐☐。……长假贫民物☐☐☑。（73EJF1：16）《肩水金关》（肆）

89. ☑入贷谷五石次泽渠，八月丙子城仓掾况受客民枚习。（73EJF2：7）《肩水金关》（伍）

90. 以警备绝不得令☐更令假就田宜可且贷迎铁器吏所。（73EJF3：161）《肩水金关》（伍）

91. 出钱……始建国五年五月戊寅朔，破署皆贷□□□亭□遗☑。（73EJF3：295B）《肩水金关》（伍）

92. 毕坐案收取田地财物，以备偿普谷，身死不□☑。（73EJF3：316）《肩水金关》（伍）

93. 出中舍谷一斗□，贷水门卒张咸，二月丁啬夫诩付。（73EJF3：376）《肩水金关》（伍）

94. 后部治所收责□伏见音□致肩水候鄣……☑。（73EJF3：447B）《肩水金关》（伍）

95. ☑原借六尺□☑。（73EJT4H：36）《肩水金关》（伍）

96. 无责博狗钱二百五十候长厶以钱，爰书毕辅无责臧二百五十以上。（73EJD：4）《肩水金关》（伍）

97. 建昭四年八月已卯朔甲申，弘农北乡啬夫临敢言之，始昌里公乘范忠年卅一自言将钱东至。敦煌谨案忠毋官狱事当传谒移过所，河津关毋苛留敢言之。八月甲申弘农守丞卢耳尉熹移过所如律令。（73EJD：37A）

为官府□□……博伏。地地……博为……（73EJD：37B）《肩水金关》（伍）

98. 更出死卒侯万钱二千三百卅，以付迎卒，梁国长吏当责官卒黄适麦五斗半。（73EJD：38）《肩水金关》（伍）

99. 建始二年正月已未朔癸亥，令史长寿敢言之，遣亭长梁忠送辟责钱大守府乘所占用马一匹轺车一乘，谒移过所，河津关毋苛留止，如律令，敢言之。正月癸亥，居延丞竟移过所，如律令/掾临令史长寿佐禹。（73EJD：44）《肩水金关》（伍）

100. ☑□君房已闻。（73EJD：49A）

夏子侯君都钱原入致段汉。卒不及一二叩头☑□甲乙。郑君房叩头奏牛子威门下。（73EJD：49B）《肩水金关》（伍）

101. ☑数计去今元知米可偿者□□从候长请一石粟候长。（73EJD：

89A)《肩水金关》（伍）

102. 借百石今但有报□……□。（73EJC：89A）《肩水金关》（伍）

103. 贷请月□。（73EJC：261A）《肩水金关》（伍）

104. □……负钱三百博具钱……猥言霸服，负弩钱二百，非服居钱七十，非塞所负博具钱。□收责，猥言霸贷，解何？（73EJC：295）《肩水金关》（伍）

105. □□贷廿石□。（73EJC：473A）《肩水金关》（伍）

106. □未曾以贷章轴铁召责蒙杨君未敢言之。（73EJC：664）《肩水金关》（伍）

第四节　《敦煌悬泉置出土文书研究》中借贷文书辑解

《敦煌悬泉置出土文书研究》仅收录7件借贷文书，但其内容相对完整，每件文书的借贷标的物清楚、或是谷、或是麦、或是衣、或是钱，本息数额清楚也约定清晰。

1. □□□□入县官，直钱三百卅四万二千九百卅一·□。

□假得息谷四万五千六百五十石，直钱四百七万□。

□牛击畜訾高者一家至八万·辞松辄使移□A□八百九十九更为子息□。

□□□□□□□□□□。

□□以诏书假官田七十五亩，自田訾直七千三百一钱，黄龙元年十月为御尽初元□。

□□以诏书假官田卅亩尽，黄龙元年假直八千五百卌三，黄龙元年十月□□。（ⅤT1311④：5AB）

2. 行道记出钱七十籴麦一石，出钱五十偿长傅□受佐博。（ⅡT0214②：576）

3. ☑枲布单衣一领直三百，数责不可得，今汉。（IT0210①：6）

4. 董母记幸致戈帛置厩张回所叩头幸甚☑。A

董母书责中史布二匹，直二百八十，又练丈九尺，自百六十钱，又素二尺，直廿二。·凡责中史四百六☑。母请回幸为责之寄钱来之责中史以得钱为故，又未始得一钱它练钱即□以决为故。B（IT0112③：89AB）

5. 纬一匹，直二百五十，宜王里叶阳迁所已为迁偿☑①。（IIT0215S：310）

6. 遮奸亭长董彭□持骑重车及緻失亡，凡直七百五十八百廿五。八月癸丑，孔临出犊车被具六百九十□余百卅五偿鈇一，直毕。（IIT0115①：50）

7. 假佐畔常□案三百五十当偿遮要衣橐一，直王子文当取之卩五百廿五八月丙辰自出百七十四。（IIT0115①：89）

第五节　其他简牍及文献中的借贷文书辑解

《额济纳汉简》《尹湾汉墓简牍》《长沙东牌楼东汉简牍》共收录4件借贷文书，其中《尹湾汉墓简牍》《长沙东牌楼东汉简牍》中的借贷文书都明确约定了还贷的时间。另外，《太平御览》中记载了著名的"董永贷钱葬父"的故事，其保证条款是"后若无钱还君，当以身作奴"。

1. □季□有以当钱。少季即不在，知责家见在亲□。（《额济纳汉简》）

2. □即不存，知责家中见□。（《额济纳汉简》）

---

① 后面的"叶阳迁所"应该是买卖"练纬"的场所。

3. 元延元年三月十六日，师君兄贷师子夏钱八钱，约五月尽，所子夏若□卿奴□□□□□□□丞□时（？）。见者，师大孟、季子书。（《尹湾汉墓简牍》）

4. 中平三年二月，桐丘男子何君□从临湘伍仲取（正面）

十月当还。以手书券信。（背面）（《长沙东牌楼东汉简牍》）

5. 前汉董永，千乘人少失母，独养父。父亡，无以葬，乃从人贷钱一万。永谓钱主曰："后若无钱还君，当以身作奴。"（《太平御览》）

第四章　庸戍类文书辑解

在汉简研究的诸多成果中，鲜有人从法学的视角对庸戍文书进行研究，但是仔细阅读了《居延汉简释文合校》《居延新简释校》《敦煌悬泉置出土文书研究》《肩水金关汉简》文献等简牍之后，发现其中庸戍文书有97件，基本能够展现汉代西北地区庸戍的实践情况，值得深入研究。

《周礼》载："以九职任万民。九曰闲民无常职，转移执事。"这意味着在《周礼》中，设定了九种职业，第九种是杂项，即没有固定工作。这些没有固定职业的人被称为闲民。郑众①解释说："闲民谓无事业者，转移为人执事，若今佣赁也。"

从字义上分析，《说文》中人部云："佣，均直也。"贝部云："赁，庸也。"用部云："庸，用也。从用，从庚。"庚，更事也。佣，赁义同，佣、庸字通。"庸""佣"二字通用，体现在以下几部文献中。《诗·小雅·节南山篇》中记载："昊天不佣。"其释文云："佣，韩诗作佣。"西汉桓宽在《盐铁论·救匮篇》中云："食若庸夫。"现存汉族最早的类书、虞世南辑解的《北堂书钞·衣冠部》中引作佣夫。

从词义上来理解，唐代释玄应所撰的训诂学音义类文献《一切经音义》六中引孟氏云："佣，役也。谓役力受直曰佣。"又引蔡邕《劝

---

① 郑众，字仲师，后人称先郑，以别于后汉郑玄，又称郑司农，以别于宦官郑众，河南开封人。汉明帝时为给事中，汉章帝时为大司农，故又曰郑司农，因其博学，故称后亦用以称誉博学的人。

学篇》云："佣，卖力也。"《玉篇》："佣，赁也。赁，借佣也。"释慧苑《华严经音义》四，引《玉篇》："作庸，谓役力受直也。"

"庸"作为一种社会地位很低的谋生方式，因为其门槛较低，广泛存在于社会生活当中，很多历史上的名人都迫于生计而从事过庸作。《史记·范雎传》："臣为人佣赁。"《栾布传》："穷困赁佣于齐。"《汉书》赁作卖。《汉书·昭帝纪》："始元四年诏：民匮于食，流庸未尽还。"颜注："流庸谓去其本乡而行，为人庸作。"《周亚夫传》："取庸苦之不与钱。"注："庸谓赁也。"《司马相如传》："与庸保杂作。"注："庸即谓赁作者，保谓庸之可信任者也。"《匡衡传》："家贫庸作，以供资用。"《后汉书·桓荣传》："常客佣以自给。"《李燮传》："门生王成将燮入徐州界，令燮姓名为酒家佣。"《吴祐传》："公沙穆燮服客佣，为祐赁春。"《申屠蟠传》："佣为漆工。"《夏馥传》："隐匿姓名为冶家佣。"《梁鸿传》："伯通异之曰：彼佣赁，非凡人也。"①

"庸"通"佣"，大多数情况下指庸作，但是在西北地区却存在大量的雇佣代戍，即庸戍，这是庸作的一种表现形式。汉代西北地区的庸戍行为，因为涉及军事国防，国家非常慎重，所以将其予以详细记载，形成名籍，并妥善保存。西北汉简中庸戍文书主要集中在《肩水金关汉简》《居延汉简释文合校》和《居延新简释校》中，其中《肩水金关汉简》（一、二、三、四、五）中的庸戍文书 52 件，《居延汉简释文合校》和《居延新简释校》中的庸戍文书有 36 件，另外还有 9 件庸戍文书记载在其他简牍中。这 97 枚汉简，虽有残缺，但大部分信息保存完好，从中可以了解到当时"庸戍"的具体细节。这部分汉简中庸戍文书记载的主要内容包括：雇佣人戍守的类型、户籍所在地、身份、姓名、年龄，被雇佣人的户籍所在地、身份、姓名、年龄。

从目前这 97 件相对完整的庸戍文书可以看出，在汉代，居延、悬

---

① （清）刘善泽：《三礼注汉制疏证》，岳麓书社 1997 年版，第 9～10 页。

泉等西北重镇位于河西走廊的交通要塞，为增强防御力量，国家需要大量的百姓前去戍守。因而，戍守边疆是汉代成年男性平民的义务，甚至也是中、低等爵位者，即"公乘"以下爵位者应该遵守的义务，这些戍守的平民来自全国各郡、国。戍守边疆虽然是成年男子的义务，但是允许雇佣他人代戍。这也印证了《周礼》《史记》中关于"庸"的记载，即"庸"作为一种民事行为，存在于民间的生活中，但这些西北地区庸戍文书更进一步证明，"庸"不仅适用于普通的民事活动，也可以适用于具有身份性质的戍守，当然，这种庸戍行为较之普通的雇佣行为要求更多，如户籍的要求、身份的要求、年龄的要求等。所以，从这些庸戍文书中，可以看到百姓对于国家规定义务的变通执行，以及国家对此种变通的认可，这也从一个侧面解释了汉代为什么缺乏民事法律规范，而有相对多的刑事法律规范，即因为国家更侧重于宏观的强力调控，而民事活动可以在一定范围内由民间自由调节。

第一节 《居延汉简释文合校》中庸戍类文书辑解

《居延汉简释文合校》收录庸戍类文书17件，其中6件明确记载了雇佣方的爵位，即有第一等爵位"公士"的庸戍，有第五等爵位"大夫"的庸戍，有第八等爵位"公乘"的庸戍，并有2件庸戍文书显示，庸戍行为发生在相同身份的人员之间。另外，就其戍守类型而言，除常见的"戍卒""田卒"之外，还出现"库卒"1例。

1. 济阴郡定陶徐白大夫蔡守，年卅七，庸同县延陵大夫陈遂成，年廿九，第廿三□☑。（13·9A）

2. 戍卒南阳郡鲁阳重光里公乘李少子年廿五，庸同☑。（49·32）

3. ☑人庸。（119·37）

4. 右□□□□□□□募谨募□戍卒庸魏□等□□□□□□☑。

（137·3）（224·18）

5. 戍卒庸昭武安汉☑。（146·31）

6. 中为同县不审里庆☑来庸，贾钱四千六百，戍诣居延六月且署乘甲渠第。（159·23）

7. 张掖居延库卒弘农郡陆浑河阳里大夫成更年廿四，庸同县阳里大夫赵勋年廿九贾二万九千。（170·2）

8. ☑□年廿八欲□为庸。（170·8）

9. ☑里杜买奴年廿三庸北里吉☑。（221·30）

10. ☑庸任作者移名任作不欲为庸，☑一编敢言之。（224·19）

11. ☑□二月中为同郡□里男子夏奴庸贾。（258·6）

12. ☑□年月己未朔乙未☑。（286·26A）

13. ☑□在戍三戍武谨，庸同同☑。（286·26B）

14. ☑□行庸☑。（×288·16）

15. 田卒大河郡平富西里公士昭遂，年卅九，庸举里严德，年卅九。（303.13）

16. ☑廿四，□固里公士丁积年廿五为庸自代。（508·26，508·27）

17. 庸□阳里公士王贺年廿四。（513·32）

第二节　《居延新简释校》中庸戍类文书辑解

《居延新简释校》收录了19件庸戍类文书，其中从雇佣双方当事人的地域来看，记载同县人员之间庸戍行为的文书有5件，记载同郡不同里人员之间庸戍行为的文书有2件。另外，还有庸名籍1件，这说明国家公权力对庸戍行为进行了调控和干预，其目的是帮助受庸之人领到酬金，从而减少纠纷。

1. 吞北隧卒居延阳里士伍苏政年廿八，□复为庸数逋亡离署不任

候望。（E. P. T40·41）

2. 戍卒东郡聊成孔里孔定。（E. P. T51·84）

3. 戍卒河东郡北屈务里公乘郭赏年廿六，庸同县横原里公乘间彭祖年卅五。（E. P. T51·86）

4. 戍卒南阳郡堵阳北舒里公乘李国，庸☑。（E. P. T51·305）

5. ☑马乐年廿七，庸，三百廿七。（E. P. T5·311）

6. ☑庸□□里公乘干□□廿卅七。（E. P. T51·326）

7. ☑庸中都里公乘张副，年卅二。（E. P. T51·392）

8. 戍卒东郡清渊成里宿□□，庸同县☑。（E. P. T52·227）

9. ☑廿七，庸同县少壮里公乘□光年卅九。（E. P. T52·234）

10. ☑南阳郡社衍安里公乘张赉年廿六，庸安居里公乘张胜年廿八☑。（E. P. T52·240）

11. ☑年廿三，庸步昌里公乘李毋忧年卅一，代☑。（E. P. T52·269）

12. ☑□□驾里公乘陈回年廿七，庸长亲里公乘张举年卅九。（E. P. T52·270）

13. ☑□□年廿五，庸同县里步昌里公乘□都年卅八。（E. P. T52·308）

14. 石队＝卒张云阳，卩↓，自言责甲渠惊虏队长☑。□庸□☑。（E. P. T52·485）

15. ☑□里公乘王赐年卅二，庸同县□阳☑。（E. P. T56·222）

16. 所吏听受□毋过□三百予当得舍人家以自□庸得使舍人令三辅□□君国卒为舍人，欲取庸者□□使☑。（E. P. T56·294）

17. 万岁部居延摄元年九月，戍卒受庸钱名籍。（E. P. T59·573）

18. ☑广国庸□□□□☑。（E. P. T59·842）

19. □就□行庸作☑。（E. P. F22·617）

第三节 《肩水金关汉简》中庸戍类文书辑解

《肩水金关汉简》收录的 52 件庸戍类文书，首先，从戍守的类型来看，主要是"戍卒"和"田卒"，其中"戍卒"的文书有 8 件，明确为"田卒"的文书有 7 件。

其次，从庸戍文书中雇佣双方的年龄来看，庸戍双方当事人的年龄集中在 21～55 岁，其中以 24～40 岁的青壮年为主。雇佣方与被雇佣方的年龄大致相当，多数情况下雇佣人年龄大于被雇佣人的年龄，但也有雇佣人年龄小于被雇佣人年龄的情况。

最后，从庸戍文书中雇佣人的户籍所在地来看，庸戍行为存在于多数郡、国，其中包括淮阳郡、睢阳郡、济阴郡、颍川郡、梁国、赵国、魏郡。这些郡、国主要分布在河南、山东、河北等中原地区。

1. 戍卒梁国睢阳秩里不更丁姓年廿四，庸同县驼诏里不更廖亡生年廿四。（73EJT1：81）《肩水金关》（壹）

2. ☑庸同县屠马里不☑。（73EJT1：169）《肩水金关》（壹）

3. ☑□里不更朱舍人年廿四，庸同县东阳里不☑（削衣）。（73EJT2：103）《肩水金关》（壹）

4. ☑淮阳国圉□□里公乘孟汉年卅一，庸同县朝阳里公乘朱审害年☑。（73EJT4：109）《肩水金关》（壹）

5. 戍卒淮阳郡焦谯胡里上造□乔相年廿六，庸同县童光里☑。（73EJT5：36）《肩水金关》（壹）

6. 戍卒梁国杼秋东平里士伍丁延年卅四，庸同县敬上里大夫朱定□☑。（73EJT5：39）《肩水金关》（壹）

7. 戍卒颍川郡定陵遮里公乘秦霸年五十，庸池里公乘陈宽年卅四☑。（73EJT6：93）《肩水金关》（壹）

8. 戍卒赵国邯郸东赵里士五遂道忠年卅，庸同县临水川里士五郝□年卅。（73EJT7：42）《肩水金关》（壹）

9. ☑庸同县射里上☑。（73EJT7：54）《肩水金关》（壹）

10. ☑里公乘吕利年卅二，庸同县好里公乘☑。（73EJT7：57）《肩水金关》（壹）

11. ☑□□里上造唐解年五十，庸☑。（73EJT7：87）《肩水金关》（壹）

12. ☑庸通县北呼里公乘☑。（73EJT7：99）《肩水金关》（壹）

13. □□□□成里上造薛广年廿四，庸同县武成里陈外年卅八□。（73EJT21：105）《肩水金关》（贰）

14. 田卒梁国睢阳里寇隧年卅二，庸同县丞全力张遂年廿八。（73EJT21：373）《肩水金关》（贰）

15. ☑庸高□里□□年卅～。（73EJT21：428）《肩水金关》（贰）

16. ☑□孙高年廿四，同邑□☑。（73EJT23：83）《肩水金关》（贰）

17. ☑庸同县大昌里簪□赵可年卅七（竹简）。（73EJT23：147）《肩水金关》（贰）

18. ☑□六庸同邑高里公乘胡骏年廿五☑。（73EJT23：174）《肩水金关》（贰）

19. ☑□五十以下欲为戍庸☑。（73EJT23：749）《肩水金关》（贰）

20. ☑里□孟竟□□，庸同郡□☑。（73EJT23：846）《肩水金关》（贰）

21. 橐他候官与肩水金关为吏妻子葆庸出入符齿十，从第一至百左居官右移金关葆合以从事第卅一（左侧有刻齿）。（73EJT24：19）《肩水金关》（贰）

22. 闻憙邑高里传定，庸同县鱼店卢里郅羌。男弟二人□□□□弟妇二人 同里传孙□任□八同里传□□☑。同里阎□任。（73EJT24：321）《肩水金关》（贰）

23. 田卒梁国睢阳馆里彭广年廿七，庸乐□☑。（73EJT24：541）
《肩水金关》（叁）

24. ☑庸睢陵里张定年廿四☑。（73EJT24：544）《肩水金关》（叁）

25. ☑庸同里累乾年廿四☑。（73EJT24：711）《肩水金关》（叁）

26. ☑不更黄意年廿六，庸同县□☑。（73EJT24：752）《肩水金关》（叁）

27. ☑□五，庸馆里鏽广德☑。（73EJT24：765）《肩水金关》（叁）

28. ☑国睢阳东弓里吕姓年廿四，庸乐☑。（73EJT24：791）《肩水金关》（叁）

29. ☑□□渭南里士五张广年廿六，庸同□☑。（73EJT24：796）《肩水金关》（叁）

30. ☑薛充年廿四，庸同☑。（73EJT24：799）《肩水金关》（叁）

31. ☑□年廿八，庸□☑。（73EJT24：807）《肩水金关》（叁）

32. ☑庸同县北□里不更陈毋害年卅☑。（73EJT24：837）《肩水金关》（叁）

33. ☑庸竹里☑。（73EJT24：910）《肩水金关》（叁）

34. ☑庸同县□☑。（73EJT24：931）《肩水金关》（叁）

35. ☑庸茨里董齐年廿四☑。（73EJT24：952）《肩水金关》（叁）

36. 田卒梁国睢阳富乐里龚根年廿五，庸乐阳☑。（73EJT24：970）《肩水金关》（叁）

37. 田卒淮阳郡新平景里上造高千秋年廿六，取宁平驷里上造胡部年廿四为庸。（73EJT26：9）《肩水金关》（叁）

38. ·右第十车十人，四人身，六庸☑。（73EJT26：51）《肩水金关》（叁）

39. 田卒贝丘庄里大夫成常幸年廿七，庸同县厝期里大夫张收年卅，长七尺☑。（73EJT29：100）《肩水金关》（叁）

40. 戍卒淮阳郡陈安众里不更舒毕年廿四，庸同里不更夏归来年廿

六。（73EJT30：12）《肩水金关》（叁）

41. 戍卒淮阳郡陈高里不更宋福年廿四，庸张过里不更孙唐得年卅。（73EJT30：13）《肩水金关》（叁）

42. 戍卒淮阳郡陈逢卿里不更许阳年廿七，庸进贤不更□常年卅三。（73EJT30：15）《肩水金关》（叁）

43. 田卒淮阳郡长平北亲里不更费毕年卌五，庸西阳里不更庄登年卅八。（73EJT30：263）《肩水金关》（叁）

44. 田卒淮阳郡长平高闾里不更李范年廿六，庸南垣不更费充年廿五。（73EJT30：267）《肩水金关》（叁）

45. 爱也唯有明圣弗能庸纯。（73EJT31：47）《肩水金关》（叁）

46. ☑□六，庸同县乐昌里公乘□气年☑。（73EJT31：91）《肩水金关》（叁）

47. 小庸☑。（73EJT33：53B）《肩水金关》（肆）

48. 济阴郡冤句谷里吕福年廿六，庸同里大夫吕怒士年廿八，长七尺二寸黑色。（73EJT37：985）《肩水金关》（肆）

49. 魏郡内黄北安乐里大夫程延年五十五，庸同县同里张后来年卅二长，七尺二寸黑色。（73EJT37：993）《肩水金关》（肆）

50. 钱入其县边以见钱取庸往者奸黠民受钱为庸去署亡犯法不已事□，不可长诸庸卒不已事。（73EJT37：1164）《肩水金关》（肆）

51. ☑□年廿五，庸同☑。（73EJC：514）《肩水金关》（伍）

52. ☑庸同县□里不更高□年廿一。（73EJC：626）《肩水金关》（伍）

第四节　其他简牍中庸戍类文书辑解

其他汉简也收录了9件庸戍类文书，其中《悬泉汉简》中有庸戍类文书3件。从文书的内容上看，庸的用途多样，除一部分是庸人戍守边疆外，还有一部分是庸人为役，不过庸人为役者所立文书流传至今的较少。

1. 初元四年六月戊寅朔甲申，效谷高义里薄子林，为同县执适里重富昌庸，六月司御，贾钱七百，前入四百七十余☑。（右齿）A

二斗。B（VT1311③：109AB，《敦煌悬泉置出土文书研究》）

2. ☑取庸八十九人，其卅九人女子人廿七，卅人男子人卅五，食八石九斗斗十二。（IT0112①：23，《敦煌悬泉置出土文书研究》）

3. ☑委粟里陈子都，取同县得王里田盖宗为庸，贾钱九百五十期钱今以□月□日钱毕。任者龙次卿沽酒饮二斗。（IIT0113③：217，《敦煌悬泉置出土文书研究》）

4. 戍卒上党郡屯留暘石里公乘赵柱年廿四，庸同县□里公乘路通年卅三。有劾。[二〇七七，《敦煌汉简释文》二《新中国建立前出土的汉简》（一）《沙畹：斯坦因第二次中亚考察所获汉简》]

5. □年三月辛卯，中服长张伯、□晁、秦仲、陈伯等七人相与为服约。入服钱二百约二会钱备。不备勿与为同服。即服，直行共侍。非前谒病不行者，罚日卅；毋人者庸贾；器物不具，物责十钱。共事凡器物毁伤之及亡服共负之。非其器物擅取之，罚百钱。服吏令会不会，日罚五十。会而计不具者，罚比不会。为服吏全器物及人。服吏秦仲。

6. 戍卒济阴郡定陶堂里张昌，庸定陶东阿里靳奉。（《散》218，《散见简牍》）

7. 戍卒济阴郡定陶安便里朱宽，庸定陶。（《散》219，《散见简牍》）

8. 卖缣七百廿七匹出钱九十二糴粟，出钱八十买肠，出钱十八买刀，出钱百买臼，出钱二百一十糴粟，出钱九十五庸，出钱二十买席，偿稚翁七十。凡用钱六百八十五。（《散》220，《散见简牍》）

9. 大烛庸二。（《散》220，《散见简牍》）

第五章　取予文书辑解

西北地区出土的汉简中，取予文书所占比重较大，共有 360 余件之多，其中《居延汉简释文合校》载有取予文书 16 件，《居延新简释校》载有取予文书 20 件，《肩水金关汉简》载有取予文书 220 件，《敦煌悬泉置出土文书研究》载有取予文书 98 件，西北其他简牍中的取予文书 10 件。从数量如此之多的取予文书中可以窥见汉时官民之间财物交往频繁。

取予文书作为书契的一个类型，先秦传世文献中已有记载。《周礼·天官·小宰》："以官府之八成经邦治：一曰听政役以比居，二曰听师田以简稽，三曰听闾里以版图，四曰听称责以傅别，五曰听禄位以礼命，六曰听取予以书契，七曰听买卖以质剂，八曰听出入以要会。"《说文·予部》云："予，推予也。"贾公彦《周礼注疏》云："此谓于官直贷不出子者，故云取予。若争此取予者，则以书契券书听之。"清人孙诒让案：取予亦通官民财用颁授之事言之，贾谓于官贷不出子，非是。①

西北汉简中取予文书的内容，符合孙诒让对于"取予文书"的理解，即取予文书是记载官府与百姓之间钱财、物品交往的文书。当然也有一少部分取予文书是唐人贾公彦所定义的类型，即记载官府无息贷给百姓的货币或物品，及百姓还给官府货币或物品的文书。所以，我们可

---

① （清）孙诒让：《周礼正义》，中华书局 2013 年版，第 167 页。

以理解为，孙诒让对于"取予文书"的定义是广义的，而贾公彦对于"取予文书"的定义是狭义的。

西北汉简中取予文书所取予的财物有货币，即钱（泉），有食物类，如酒、麦、粟、荄，还有衣物类，如单衣等，其取予的内容非常丰富。

第一节　《居延汉简释文合校》中取予文书辑解

《居延汉简释文合校》收录的 16 件取予文书，从取予标的来看，主要是粮食和钱。对于取予的粮食，很明确的以升、斗记载了其数量，便于核对。

1. 建昭二年六月中，弘寄眇所眇以糶粟☐。（158·4）

2. 甲渠候官。（271·13）（271·14）（271·15A）

见荄二千九百九十八束，☐☐麦二斗六升☐☐☐☐☐。（271·15B）

3. ☑☐小石一石二斗。（273·11）

4. ☑三石七斗九升二☐☐☐。（274·1）

5. 入钱百六十☑。（274·2）

6. 右第二亭六月食簿。（275·11）

7. 出糜大石三石六斗，始元二年六月庚午朔，以食蜀校士二人尽己亥卅日积六十人，人六升。（275·12）

8. 出钱二千一百，☐☐☐☐二月丁亥令史严输☐☐☐☐☐。（279·18）

9. 卒☐方取☑。（279·18）

10. ☐☐不知井卿取之可得如意。（339·21B）（146·5B）（146·95B）

11. 出□□□□□一石四斗八升，征和四年十二月辛卯朔乙酉，广地里王舒付居延农第六长延寿。（557·8）

12. 永光元年五月戊子，鱳得守左尉奉移过所，县□诣肩水候往为候之鱳得取麦二百石，遣就家。昭武安定里徐就等，月丙戌赴肩水候官□行，毋留止，如律令。（562·3A）

出钱▨。（586·1）

13. 入□二石。（586·3）

14. 绥和元年十二月十三日，用挺苇一千二百□。（甲附10A）

15. ▨石四斗以食房□出▨。（513·33）

16. ▨得千八十二▨。（乙附10）

第二节　《居延新简释校》中取予文书辑解

《居延新简释校》收录的20件取予文书，有官府购置物品、牲畜的文书，有官府给官吏发放供给物资的文书，还有记载官府收入款项的文书，说明官民之间的经济交往平等的存在。

1. ▨……庚辰朔戊申，第十㸒候长良敢言之，谨移卒输官财用券，墨如牒，敢言之。连局令校。（E. P. T2·9A）

即日尉吏万发▨门下。（E. P. T2·9B）

2. 百候史安取▨。（E. P. T2·18）

3. ▨入□泉五万九千九□▨。（E. P. T2·19）

4. 始建国二年十月癸巳朔乙卯，城仓丞□移甲沟（渠？）候官令史郭卒周仁等册人省作府，以府记廪城仓用粟卅百六石，令史□曰，卒冯喜等十四人，廪五月尽八月，皆遣不当▨。（E. P. T4·48A）

居延仓丞尉史，十月戊午卒同以来，崇发行事□□。（E. P. T4·48B）

5. ☑隧长徐良青马衣一，直千五百。（E. P. T5·86）

6. ☑……直钱二百八十↓戍卒二月☑。（E. P. T5·87）

7. ☑□□出粟二石二斗，直钱百七十☑。☑□□□出粟二石四斗，直钱百九十☑。（E. P. T5·134）

8. 尉史郑丰入马泉四千，少千五百出三千五☑。虏卒张□□。（简左上侧有刻齿）（E. P. T40·37A）

今见五百七十一。（E. P. T40·37B）

9. 大酒几一长七尺。（E. P. T51·408）

10. ☑绛百匹杂缯百匹，又以其所捕斩马牛羊奴婢财物尽予之↓。（E. P. T52·569）

11. □马钱五千算↓。（E. P. T53·232）

12. 第廿五卒簿毋及数蚕矢六百槀矢二百二。（E. P. T56·112）

13. 戍卒魏郡贝丘某里王甲。（E. P. T56·113）

14. 钱百八十三郭中卿钱已取卅五。（E. P. T56·278）

15. ☑□予郭中卿↓。（E. P. T56·319）

16. 槀蚕矢铜鍭百完杜效☑。（E. P. T56·335）

17. 九月奉泉七百少千四百六十九宣又当得。元年十二月辛丑尽二年。（E. P. T59·30）

18. 出粟大石廿五石，车一两。始建国二年正月壬辰，訾家昌里齐熹。就人同里陈丰，付吞远置令史长。（E. P. T65·114）

19. 城北候长窦何十一月食一斛五斗□十月丙寅掾谭取卩↓。（E. P. T65·8A）

城北候长窦何十一月食一斛五斗□十月丙寅掾谭取卩↓。（E. P. T65·8B）

20. 推木候长王宏十一月食一斛五斗□十月丙寅掾谭取卩↓。（E. P. T65·10）

第三节　《肩水金关汉简》中取予文书辑解

《肩水金关汉简》收录的 220 件取予文书，分为记载"出"项和"入"项两类，大部分文书记载了取予物品的数量或其价值金额，还有部分文书载明了"出"与"入"的具体情由。

1. ☑□□子□□计取牛宽一，直卅五，酒一斗，付广地卒治□廿，钱卅，麦五斗，直卅五，酒二斗，饮内中。饭钱六，又取钱卅，予沙头卒……中糒一斗十三薪束六又卅，取堂上钱廿七，又糒一斗，十三布单衣廿，又卅七。（73EJT2：27A）《肩水金关》（壹）

2. □□其一釜□张卿百敦君五十，丁万伟君粟钱，李子方□鱼钱。（73EJT3：38）《肩水金关》（壹）

3. □□日勒男子赵子真惠□□□□置钱百七十……□四□十五凡直□☑。（73EJT3：46）《肩水金关》（壹）

4. ☑隧长□陵邑富里张阳护官布复袍一领，犬袜一两，枲履一两，皁布单衣一领，皁布单衣一领。（73EJT5：65）《肩水金关》（壹）

5. 檠取□□死张者约张两柱折端□□檠死觟鲛者约觟鲛柱巂燕张檠死巂燕者约柱膺觟鲛。（73EJT6：69）《肩水金关》（壹）

6. ☑出钱二百酒二石出钱……出……☑。☑出钱□□肉十斤出钱……出二……☑出……出钱……出十三……☑。（73EJT6：154A）《肩水金关》（壹）

7. □持之□□钱四百□☑九百六十□□□□□☑。（73EJT6：161）《肩水金关》（壹）

8. 出钱百卅□卅八□☑出钱百卅见□☑（削衣）。（73EJT6：181）《肩水金关》（壹）

9. ☑□董子岁钱六百五☑。（73EJT7：193A）《肩水金关》（壹）

10. ·右候一人凡用钱六千。(73EJT9：91)《肩水金关》（壹）

11. 夏侯初卿取麦一石，直钱百。 (73EJT10：66) 《肩水金关》（壹）

12. 出粟小石三石，为廷史田卿置豚二，鸡一隻，南北食。(73EJT10：70)《肩水金关》（壹）

13. 今余广汉八稯布卌九匹，直万一千一百廿七钱九分。(73EJT10：72)《肩水金关》（壹）

14. 史少君取麦一石五斗，直钱百五六十。(73EJT10：111)《肩水金关》（壹）

15. 出钱十八糟☑出钱百藁二乘☑李子威稍用计出钱廿箕一☑出钱卅茭一乘☑。(73EJT10：219A)

……凡八百五十☑。(73EJT10：219B)《肩水金关》（壹）

16. ☑以二月戊午已入弩一矢廿四阝。 (73EJT10：284) 《肩水金关》（壹）

17. ☑毋黍米愿已贾请二斗黍米，谨使使持钱受☑。 (73EJT10：327A)

☑受教。遣使钱持伏前，宜当自伏门下，恐☑。(73EJT10：327B)《肩水金关》（壹）

18. ☑所为十为文丈出钱廿卅一里张成卿定所足下□□。(73EJT10：332A)《肩水金关》（壹）

19. ☑钱酒☑鱼直十五☑☑□□百。(73EJT10：363)《肩水金关》（壹）

20. ☑用君钱廿五豉脯☑（削衣）。(73EJT10：407)《肩水金关》（壹）

21. ☑□钱五十□廿五☑（削衣）。(73EJT10：530)《肩水金关》（壹）

22. 不畜不莫得主君闻微肥□□乳黍饭清酒至主君所，主君□方□□□□☑。(73EJT11：5)《肩水金关》（贰）

23. 出赋钱二百九十☑。(73EJT14：18)《肩水金关》（贰）

24. 稚君足下，今稚君从充取车钱三千，已入药。(73EJT21：33A)

迫。（73EJT21：33B）《肩水金关》（贰）

25. 马一匹□牡齿十岁高六尺。（73EJT21：48）《肩水金关》（贰）

26. 绿绨一丈二尺，直二百六十八，率尺廿四，絮一斤，直百七十。（73EJT21：52A）

青韦刍一两，直百卅。（73EJT21：52B）《肩水金关》（贰）

27. ☑房史子羽所与属予房者也，告而留之，先以钱二千八百给房四月奉，与房。（73EJT21：65）《肩水金关》（贰）

28. ☑日昏时付沙头亭卒合。（73EJT21：83）《肩水金关》（贰）

29. ☑官韦皮裘一领☑。（73EJT21：84）《肩水金关》（贰）

30. ……□乡钱十万三千三百五十四，孙子孟☑□乡钱十九万八千八百九钱游幸调□出庆次公第八车漕转出·凡钱九十七万一千八百七钱。（73EJT21：130B）《肩水金关》（贰）

31. 出赋钱六百给临莫隧长业□☑。（73EJT21：204A）《肩水金关》（贰）

32. 入东部卒阁钱万二千，建平☑（左侧有刻齿）。（73EJT21：206A）《肩水金关》（贰）

33. □右所市直四千二百五十三，付□☑。（73EJT21：227B）《肩水金关》（贰）

34. □□□钱☑□□隧长□□大昌里□□。（73EJT21：232A）《肩水金关》（贰）

35. 出钱千二百，以给士吏相六月奉☑。（73EJT21：242）《肩水金关》（贰）

36. ☑□年二月，奉用钱千二百，赋钱千二百。（73EJT21：267）《肩水金关》（贰）

37. ☑繻袭二领七百六☑（削衣）。（73EJT21：300）《肩水金关》（贰）

38. 出菱千束，付张子功☑。（73EJT21：320）《肩水金关》（贰）

39. ☑毋城仓薪去☑。（73EJT21：411）《肩水金关》（贰）

40. ……☑始元五年三月丁巳，除已得都内赋钱千八十。（73EJT21：422）《肩水金关》（贰）

41. ·凡出四千九百☑。（73EJT22：85）《肩水金关》（贰）

42. ☑二月五日奉用钱七百八十（削衣）。（73EJT22：145）《肩水金关》（贰）

43. ☑钱八百钱卅故襄泽☑。（73EJT23：122）《肩水金关》（贰）

44. ☑赵贤付☑。（73EJT23：137A）《肩水金关》（贰）

45. 出钱千一百五十☑。（73EJT23：149）《肩水金关》（贰）

46. 出麦一石，五年四月丁酉，付氐池守令史☑。（73EJT23：156A）《肩水金关》（贰）

47. 直麦十一石……出麦大石三石，右昭武□月□戌，付沙头☑。（73EJT23：156B）《肩水金关》（贰）

48. 毋尊布□匹，直三百八十，梁卿取……（73EJT23：296A）

冯等再拜徐君□窦君伯。（73EJT23：296B）《肩水金关》（贰）

49. 见钱十六万八千七百，付就人·凡当三万八千六钱，出钱百中部□□凡，付就人三百九十六钱□□□□。（73EJT23：322A）

□五十四卩中部六十三□百钱十一，月奉三千。（73EJT23：322B）《肩水金关》（贰）

50. 出钱百廿五石婴☑。（73EJT23：355）《肩水金关》（贰）

51. 北书二封皆张掖一诣棄他一诣☑。（73EJT23：357）《肩水金关》（贰）

52. ☑以付。（73EJT23：358）《肩水金关》（贰）

53. ☑钱百七十七☑。（73EJT23：368）《肩水金关》（贰）

54. 受降隧卒□□……□□□□□□□□钱七千五百□钱七十□□□直钱……□□□□初元二年六月庚辛酒肉□□□□□□□☑……□□□□□□钱六十。（73EJT23：369）《肩水金关》（贰）

55. ☑正月奉六百为言☑。（73EJT23：370）《肩水金关》（贰）

56. 居摄元年五月省卒廪名藉☑。（73EJT23：372）《肩水金关》（贰）

57. 觻得骑士千秋张辅载葵☑。（73EJT23：373）《肩水金关》（贰）

58. 出赋泉六百☑。（73EJT23：417）《肩水金关》（贰）

59. 出赋钱千二百☑。（73EJT23：560）《肩水金关》（贰）

60. ☑奉用钱八十二万三千二百☑。（73EJT23：567）《肩水金关》（贰）

61. 出粟四斗七升☑。（73EJT23：571）《肩水金关》（贰）

62. ☑六月庚辰庄宗付范赏☑。（73EJT23：572）《肩水金关》（贰）

63. ☑傅马食二斗三升☑。（73EJT23：576）《肩水金关》（贰）

64. ☑鹭米九斗五升，米斗五十凡。（73EJT23：583）《肩水金关》（贰）

65. ☑郡国十二廿有三石☑。（73EJT23：584）《肩水金关》（贰）

66. 出粟六石□☑。（73EJT23：588）《肩水金关》（贰）

67. 肩水金关啬夫候长□☑。（73EJT23：629A）

钱千……☑。（73EJT23：629B）《肩水金关》（贰）

68. ☑□鸡唯时平乐隧长忘，付兼万福疆□☑。（73EJT23：633）《肩水金关》（贰）

69. 日计簪一直十八赣□一，直六十☑。（73EJT23：663A）

麗实一半三钱☑。（73EJT23：663B）《肩水金关》（贰）

70. 登受夷胡隧卒同昏时第六隧卒同付府门界中卅里……（73EJT23：666）《肩水金关》（贰）

71. ☑居摄元年十月乙丑，令史武付橐佗殄虏隧长孙猛☑。（73EJT23：667）《肩水金关》（贰）

72. 出钱千二百△给□☑。（73EJT23：684）《肩水金关》（贰）

73. ·右八月所市☑。（73EJT23：685）《肩水金关》（贰）

74. ☑啬夫常☑。（73EJT23：686）《肩水金关》（贰）

75. 出粟二石卩☑。（73EJT23：688）《肩水金关》（贰）

76. ☑钱六百给执适隧长王猛六月奉☑。（73EJT23：697）《肩水金关》（贰）

77. 入四年十二月。尽五年二月司御钱三千，受居延。（73EJT23：707）《肩水金关》（贰）

78. 出钱四百☑传马一匹☑。（73EJT23：719）《肩水金关》（贰）

79. ……☑月尽二月七日，钱千四百六十……尽五月，钱千二百☑。（73EJT23：728A）

……………☑。（73EJT23：728B）《肩水金关》（贰）

80. ☑给候史李朝二年二月壬☑。（73EJT23：750）《肩水金关》（贰）

81. 之已立归行借穿耳☑铁头以付使幸甚谨再拜白。（73EJT23：789B）《肩水金关》（贰）

82. ☑钱二千☑。（73EJT23：800）《肩水金关》（贰）

83. 贾人李大仲错。（73EJT23：804A）

月六日北书七封。三封。张掖大守章，诣居延府其二封诏书，六月☑☑辛丑起，七月辛亥东中时，永受沙头吏赵二枚角☑塞尉，诣广地☑肩水一枚杨成掾☑诣肩水。一封都尉诣肩水。（73EJT23：804B）《肩水金关》（贰）

84. 出钱七百八十，毋尊布二匹，直七百八十。八月辛卯受高卿毋尊布一匹，直四百☑。（73EJT23：805）《肩水金关》（贰）

85. 出赋钱六百给候史杨况☑。（73EJT23：819）《肩水金关》（贰）

86. ☑☑☑婴三石直卅☑。（73EJT23：820）《肩水金关》（贰）

87. 出钱百☑。（73EJT23：845）《肩水金关》（贰）

88. ☑☑乃遣舍署☑☑☑☑今闻☑☑☑☑因言☑☑☑钱已发☑☑☑都尉☑。（73EJT23：854A）

☑……（73EJT23：854B）《肩水金关》（贰）

89. 出粟五石，直六百。元始六年二月乙酉，啬夫☑☑☑☑☑隧……（73EJT23：893）《肩水金关》（贰）

90. □□□□胡爱卿诣前，取粟十石，原君上必以粟付爱卿。□□□叩头幸甚以印为信，原君上勿逆藉车牛离得以为□□毋令再发大不可道。远比相见顷原且自爱单记不一，二叩头。(73EJT23：896A)

……幸为谢梁子，赣□叩头，南部候长徐君公……□日相见，日入莫夜不及一二决止中甚恨之毋已……粟十石其钱奉来欲为身复诣又迫职不及。(73EJT23：896B)《肩水金关》(贰)

91. 十二月己酉，啬夫□卿□□□□市□□絮二枚，直百卌，黑絮一两，直卅五□三枚□二枚，直□□□四，直廿并直二百廿四，入泉九十八少百一十六期，还取余泉。(73EJT23：898B)《肩水金关》(贰)

92. 出粟二石，廪东部守候长陈冯九月食。(73EJT23：906A)

十月一日从王君长取毋尊布一匹，直百□□二百六十少二百□。(73EJT23：906B)《肩水金关》(贰)

93. 出麦二石廪驷望隧卒张立十一月食。(73EJT23：912)《肩水金关》(贰)

94. ……发各十束共三斗钱□□□。以本贾赐之甚厚受：人亟自知也良前时校斗凡取千五十后又取二百……(73EJT23：916A)

……子春杨□卒不相见恨何已欲且留□闻塞外有橐佗恐其来入天田也以□……大车甚大原为寄□□□。(73EJT23：916B)《肩水金关》(贰)

95. 幸为秩之，舍东麦地尽以种禾，舍东□□以种糜黍，□西□□□皆□种川，舍前块以西尽种□□内中小□中有小半毋种原子偫用收万石种破用。种万石以渠钱种小半诩原子偫及时取茭藁贸秩余尽卖之原子偫即。(73EJT23：917A)

□自秩"之……□当叩头白□□祭□卿内入□毋以□之……通牒补空乏之处。(73EJT23：917B)《肩水金关》(贰)

96. 七月奉六百，候长实取，已出钱二百二十四，皂钱已计长☑。(竹简)

八月奉六百上功计已。（73EJT23：928）《肩水金关》（贰）

97. □居延令印一封诣繁阳，一封诣内黄，一封诣媪围，一封张掖肩水✓。

候印一封诣昭武，一封诣肩水城尉官，二封张掖肩候，一封诣昭武狱，一封诣亭卒，□受橐他莫当隧卒租即行日食时，付沙头亭卒合。（73EJT23：933）《肩水金关》（贰）

98. 八月丙子蚤食七分时当坞上一通付并✓。（73EJT23：949）《肩水金关》（贰）

99. ✓神爵元年七月庚戌朔壬申，啬夫久付广……□月尽□月积五月奉自取✓。（73EJT23：952）《肩水金关》（贰）

100. 布六尺五寸，直七十五。出钱二百五十九，枲四斤，直七十。出钱卅六，就钱。□一斤四钱，凡出二百九十五。（73EJT23：985）《肩水金关》（贰）

101. 出粟六石，直七百廿，元始六年二月厨啬夫□✓。（73EJT23：1012）《肩水金关》（贰）

102. 出钱十九万五千一百廿给吏奉✓。（73EJT23：1032）《肩水金关》（贰）

103. 出钱二万七千八十四，以糴粟成，入其四百八石：卌八百五十石五十……（73EJT24：3）《肩水金关》（贰）

104. 安陵寿陵里张阅字子威，粟一石，直四百，在□□□□里□西二舍北入（竹简）。（73EJT24：16）《肩水金关》（贰）

105. 元始六年正月庚寅朔庚戌，橐他候秉移肩水候官出粟给令史官吏，如牒。前移先校连月不为簿，入令府郤出书到原令史簿人。（73EJT24：32）《肩水金关》（贰）

106. 出麦二石，禀临莫隧卒廉襄九月食二十一□。（73EJT24：43）《肩水金关》（贰）

107. 酒酱二石，官□自取□。（73EJT24：44）《肩水金关》（贰）

108. 出粟二石，廪乐昌隧卒闻意五月食卩。（73EJT24：52）《肩水金关》（贰）

109. 出第四菱五十后反□北☑。（73EJT24：67）《肩水金关》（贰）

110. □里宋友□钱二千（检）。（73EJT24：72）《肩水金关》（贰）

111. ☑□□□母卑取钱四百，为秋政廿石☑。（73EJT24：76）《肩水金关》（贰）

112. 当取迎，五月六月司御钱，三□☑□□卅以将军行塞置不□☑。（73EJT24：81）《肩水金关》（贰）

113. □□□一百卅☑。（73EJT24：94B）《肩水金关》（贰）

114. ☑牛车一两载粟☑。（73EJT24：105）《肩水金关》（贰）

115. ☑牛车一两载粟☑。（73EJT24：107）《肩水金关》（贰）

116. ☑遄不算日不给更繇，口算赋当收直谒移属国，居延□☑。（73EJT24：134）《肩水金关》（贰）

117. 通望兵内中，居糒婴一，直二，米器一，直五十☑。

布纬二，直九十。（73EJT24：152）《肩水金关》（贰）

118. 居摄二年六月□□，守尉冯候长昌钱□☑。（73EJT24：153）《肩水金关》（贰）

119. ☑□建平五年五月甲申，宜禾里李邑付直徐武。（73EJT24：217）《肩水金关》（贰）

120. 弓一□□□□□□□□榆荚二斗□一复参斬宣带各一居米庵中□。（73EJT24：247B）《肩水金关》（贰）

121. 肩水候史鱳得宜乐里吕万年未得……尽六月，奉钱五千……

地节元年十二月丙辰，除已得，都内赋钱五千四百☑。（73EJT24：252）《肩水金关》（贰）

122. □二白革骑勒一弊舍橐盛家室幣写六尺席一筚二。短延席一□□□八居米庵中。（73EJT24：268A）《肩水金关》（贰）

123. 出粟小石六石☑。（73EJT24：281）《肩水金关》（贰）

124. 出钱三百赋，常利隧卒张丰，故广地累山隧卒☐。（73EJT24：291）《肩水金关》（贰）

125. 出茭十束居☐三年☐。（73EJT24：319）《肩水金关》（贰）

126. ☐☐☐一疋取☐☐☐。（73EJT24：351）《肩水金关》（贰）

127. ☐☐☐钱千二☐☐。（73EJT24：352）《肩水金关》（贰）

128. ☐其匹一还和卿取二匹其☐。（73EJT24：354）《肩水金关》（贰）

129. ·凡入谷二千二百五十石。其千八百石粟，四百五十石糜☐。（73EJT24：370）《肩水金关》（贰）

130. 出钱千八百，毋尊布三匹″四百☐黄缣一匹，直☐☐。（73EJT24：389）《肩水金关》（贰）

131. 入赋泉六百，受望泉隧长田並☐☐。（73EJT24：399）《肩水金关》（贰）

132. ☐八月辛卯，啬夫当受次仲钱。（73EJT24：400）《肩水金关》（贰）

133. ☐☐直八万三千三百，同里阎严任☐☐☐☐☐，同里毋丘孙任。（73EJT24：414）《肩水金关》（贰）

134. 出糜三石付诚北华墼以食☐。（73EJT24：415）《肩水金关》（贰）

135. ☐☐诏书四月戊戌丁未起，二四月己酉丁未起，同四分时付莫当卒，同☐行封受候史杨蒲绳解兑。（73EJT24：416A）

☐屋兰尉一显美尉皆诣广地，封皆破。橐他。（73EJT24：416B）《肩水金关》（贰）

136. 出赋钱六百☐。（73EJT24：423）《肩水金关》（贰）

137. ☐出糜七石，以食亭卒五人，十月壬寅☐☐☐。（73EJT24：429）《肩水金关》（贰）

138. ☐☐马一匹骊牝齿七岁。（73EJT24：430）《肩水金关》（贰）

139. 戍卒秦少平野马卒张贤所属愿属所吏言已来取钱…… (73EJT25：13)《肩水金关》（叁）

140. ☒为守尉予酒钱百卅。(73EJT26：253)《肩水金关》（叁）

141. □□□□□□□□□□□□□□□□□□□□□·十二月中□牛一黑字齿二，赵秋取直钱二百，又妇以五月作尽十一月廿二日。(73EJT27：15A＋16A)

□赵秋见之水中·直钱三千□时□见赵秋朱子只见之水中死当负·凡並直万二千六百五十，赵秋见当负·疆所取直千九百卅□，正月中黑字牛一齿二溺死当负·又承登六□直四百廿…… (73EJT27：15B＋16B)《肩水金关》（叁）

142. 一比用脂卅六斤一见□☒。(73EJT28：101)《肩水金关》（叁）

143. ☒□酒一斗为□☒（削衣）。(73EJT29：130)《肩水金关》（叁）

144. 酒五斗，脯一块☒。(73EJT30：53)《肩水金关》（叁）

145. 取奉帛不得言寄有钱原受教☒。(73EJT30：81A)《肩水金关》（叁）

146. ☒八月廿四日丙寅，李少兄入钱万九千九百□☒。(73EJT30：145)《肩水金关》（叁）

147. 皆嫂偈取，十一月中取麦三石"百一十·又正月中取脂一斤☒。

此皆二月庚寅。又闰月中取麦二石□百为□酒·又鸡出入直。(73EJT30：208A)《肩水金关》（叁）

148. ☒入赋居延☒。(73EJT33：3)《肩水金关》（肆）

149. ☒月丙申鸡前鸣二分，驿北卒世受□☒。(73EJT33：14)《肩水金关》（肆）

150. □卒瓜钱百☒。（竹简）(73EJT33：15)《肩水金关》（肆）

151. ☒□够钱大守□令☒。(73EJT33：20)《肩水金关》（肆）

152. ☒付纍得守令史佽憙食传马为刺史柱。(73EJT34：12)《肩水

金关》（肆）

153. 出糜二石，食□⊘。（73EJT34：22A）《肩水金关》（肆）

154. 出钱八百七十，□以给库啬夫马始昌⊘。 （73EJT37：120）《肩水金关》（肆）

155. 出脂少半斤⊘。（73EJT37：236）《肩水金关》（肆）

156. 出黄粱米一斗一，其□□建始三年三月丁未置佐亲⊘。（73EJT37：448）《肩水金关》（肆）

157. □□仪□，出钱六十⊘。（73EJT37：478）《肩水金关》（肆）

158. ⊘尽六月，奉用钱万八千□⊘。 （73EJT37：535A） 《肩水金关》（肆）

159. 入还絮钱六百八十……⊘。（73EJT37：541）《肩水金关》（肆）

160. ⊘……遣候史王□输钱□□县。（73EJT37：691A）

⊘发，□，令史寿。（73EJT37：691B）《肩水金关》（肆）

161. ⊘□三月奉，元康五年三月癸未朔癸卯，士吏横付襄泽隧长乐成候房临。（73EJT37：719）《肩水金关》（肆）

162. ⊘□输卅□粟七石，今人卅石与此四百七十二石八斗。（73EJT37：724）《肩水金关》（肆）

163. ⊘□出钱五十，粟五斗，骊靬。出钱五十，粟五斗，显美。（73EJT37：915）《肩水金关》（肆）

164. ⊘寿长孺一，直九百，宿昆弟靳安世十五人为二石一斗六斗六升大。（73EJT37：1039A）

⊘□月二月奉□守丞王卿。（73EJT37：1039B）《肩水金关》（肆）

165. ⊘□传送钱居延。（73EJT37：1040）《肩水金关》（肆）

166. 相伏地再拜请□□□□□□□发元谨之相欲□□□二百今留。（73EJT37：1072A）

长□足下。（73EJT37：1072B）《肩水金关》（肆）

167. 出赋钱六百☑给始安隧长李☑。（73EJT37：1121）《肩水金关》（肆）

168. 出钱千八百☑。（73EJT37：1264）《肩水金关》（肆）

169. 釀钱三百五☑。（73EJT37：1273A）《肩水金关》（肆）

170. ☑钱少百五十今。（73EJT37：1278A）

☑☑二石八斗又麦一石。（73EJT37：1307B）《肩水金关》（肆）

171. ☑恭敢言之，应里张林自言敢传为郡送钱□……☑。（73EJT37：1481）《肩水金关》（肆）

172. 出赋钱九百。（73EJT37：1525）《肩水金关》（肆）

173. 神爵三年六月己巳朔乙亥，司空佐安世敢言之，复作大男昌异人，故魏郡繁阳明里迺。

神爵元年十一月庚午，坐伤人论，会二年二月甲辰赦，令复作县官一岁三月廿九日。·三月辛未罚作尽。

神爵三年四月丁亥，凡已作一岁一月十八日，未备二月十一日。以诏书入钱赎罪，免为庶人，谨为偃检封，入居延，谒移过所。（73EJH1：3A）

之伏居延令地从子平元长伏为地为地伏元子。（73EJH1：3B）《肩水金关》（肆）

174. ☑五肠一脘□芙一束□通。（73EJH1：16A）

☑半斗出十五蜚廉半升出筒一合出十五地膚半升。（73EJH1：16B）《肩水金关》（肆）

175. ·右付子明钱万六千☑。（73EJH1：20）《肩水金关》（肆）

176. 出八钱☑出十□。（73EJH1：32A）

出十狗肴半升出□出十肉□廿枚出□☑。（73EJH1：32B）《肩水金关》（肆）

177. ☑钱若即不予建□今。（73EJH1：48）《肩水金关》（肆）

178. ☑□车一两☑。（73EJH1：49）《肩水金关》（肆）

179. ☐☐☐☐所占遣亭长宣☐归书到以安世付宣☐方关大守府。（73EJH2：4）《肩水金关》（肆）

180. 出钱八百，其六百都君取给安农隧长李赐之七月八☐☐。（73EJH2：7）《肩水金关》（肆）

181. 张盖众诣府受奉须定赋籍前记召金关隧长☐张盖众俱谒赋奉记到取遣须以俱遣殷华☐。（简左侧有一刻齿）

诣告候遣吏齐吏受奉券至今不到解何。（73EJF1：27A）《肩水金关》（肆）

182. 付受日时椑盖各如牒其三牒不☐☐☐。（73EJF3：53）《肩水金关》（伍）

183. 城仓受☐或多或少肩水未推校候不能晓知戎遣☐☐。（73EJF3：54）《肩水金关》（伍）

184. 橐他守塞尉枚常追还☐。（73EJF3：55）《肩水金关》（伍）

185. 明府财哀省察叩头死。（73EJF3：56）《肩水金关》（伍）

186. 出钱十二为☐☐☐四枚赵阳九月壬辰付伯☐☐。（73EJT4H：6）《肩水金关》（伍）

187. 出粟一石二斗，四月廿四日付橐他令史所卿食，送将军传马四匹。（73EJD：5）《肩水金关》（伍）

188. ☐袭一领贾九百☐言罪取……奏记先取二百余☐☐。（73EJD：176）《肩水金关》（伍）

189. ☐☐卅七☐☐☐斤十五两廿三钱廿三铢，直三百六十三大铭☐☐……（73EJD：186A）

☐☐重卅一斤，直四百九钱，千八百九十斤☐☐重十斤四铢，直九十九钱，六分斗☐☐☐☐。（73EJD：186B）《肩水金关》（伍）

190. ☐☐☐奉用钱八百。（73EJD：227）《肩水金关》（伍）

191. 载输广地必取五两就即钱☐☐。（73EJD：245）《肩水金关》（伍）

192. 前北四封，记以一者以日人受合此一封赵尊印，以昏五分受，当以夜食五□☑。（73EJD：280A＋250A）

分付适如律令☑。（73EJD：280B＋250B）《肩水金关》（伍）

193. 赋服数少二石□□颖川郡许，赋钱五千。（73EJD：310A）

卒王宣数少四。（73EJD：310B）《肩水金关》（伍）

194. 出钱百卅☑。（73EJC：55）《肩水金关》（伍）

195. 出钱九百，建始元年十二月庚寅☑。（73EJC：64）《肩水金关》（伍）

196. ☑出仓麦十石，输广地累山亭。（73EJC：137）《肩水金关》（伍）

197. ☑十四匹，元康二年十二月戊寅，啬夫盖众内车六两候君临。（73EJC：145）《肩水金关》（伍）

198. ☑禁奸卒恭布袭一领，直。（73EJC：158A）《肩水金关》（伍）

199. ☑□受食平贾钱□粟。（73EJC：233）《肩水金关》（伍）

200. ☑……钱直三十……（73EJC：233）《肩水金关》（伍）

201. ……三五，直千，出卅半月，出十五月□。（73EJC：251）《肩水金关》（伍）

202. □鸡一只。（73EJC：252B）《肩水金关》（伍）

203. ☑麦十一石一斗三升少。（73EJC：277）《肩水金关》（伍）

204. 出麦二石，稟望城隧长卜归来五月食。（73EJC：278）《肩水金关》（伍）

205. ☑稟直隧卒孙辅五月食。（73EJC：280）《肩水金关》（伍）

206. ·右吏九人用谷十一石。（73EJC：282）《肩水金关》（伍）

207. ☑右一人用茭五百束指塞虏隧下取。（73EJC：283）《肩水金关》（伍）

208. 出粟二石，稟东部候长王族十二月食，十二月晦自取卩。

（73EJC：290）《肩水金关》（伍）

209. 出菽廿石☒，建始二年九月庚戌，关啬夫赏付屋阑厩佐就☒。（73EJC：296）《肩水金关》（伍）

210. 出麦二石，稟河上卒礼猛六月食二十一卩☒。（73EJC：303）《肩水金关》（伍）

211. 出赋钱七百给南部候史薛庆，三月☒☒。（73EJC：307）《肩水金关》（伍）

212. ☒☒原以米六十石，付华☒之华即☒卅☒。（73EJC：314）《肩水金关》（伍）

213. ☒☒麦当得出已得入数以二百六十乘之以☒为法·谷枲人以卌乘之以二百六十为法不☒法☒法☒分……（73EJC：319）《肩水金关》（伍）

214. 入钱二……☒。（73EJC：345）《肩水金关》（伍）

215. 出赋钱千三☒。（73EJC：378）《肩水金关》（伍）

216. ☒☒以人送钱☒解☒☒☒。（73EJC：381）《肩水金关》（伍）

217. 出糜一石二斗，以食亭马一匹，十月壬☒☒。（73EJC：417）《肩水金关》（伍）

218. ☒门未得地节二年五已得都内赋钱☒。（73EJC：492）《肩水金关》（伍）

219. 出钱三千☒。（73EJC：571）《肩水金关》（伍）

220. 出钱四万一千九百☒。（73EJC：579）《肩水金关》（伍）

第四节　《敦煌悬泉置出土文书研究》中取予文书辑解

《敦煌悬泉置出土文书研究》收录的98件取予文书，大部分都载明了取予日期，其一是便于核对账目，其二是为其交易行为留存证据。

其中有1件"代徒"之文书颇为奇特，记载了"代徒"之缘由和具体交易金额，为汉代徒刑的执行提供了新的资料。

1. 十分为一钱，今有帛一匹，贾直五百卅，半之二丈，直二☑。（ⅠT0114①：228）

2. 出钱四百，以赋九月更。本始三年九月庚辰朔戊辰，县泉厩佐付得玉里胡宾（左齿）。（ⅤT1612④：46）

3. 出钱四百以顾六月更，本始五年☑（左齿）。（ⅠT0209③：13）

4. 入钱六百以赋七月更，元康三年八月辛酉朔壬戌，厩御高心里张丁受泉置啬夫弘（左齿）。（ⅤT1812③：16）

5. 出钱六百以赋四月更，元康四年四月丙寅，县泉置啬夫弘付□。（ⅠT0114③：28）

6. 入钱五百一十四以赋二月更，元康五年二月癸丑朔庚辰，厩御延寿里李☑（右齿）。（ⅤT1612④：12）

7. 御宜王里叶阳步迁黄龙，元年十月为御尽。初元年二月，积五月，直五千，其二千五百□□☑A/……三百八十九日，日积四万……☑田为假得□□万一千九十四……☑。B（ⅡT0212S：51AB）

8. 初元二年□月□□朔庚申，效谷宜禾里石广宗为……一月御贾钱千三百，今余九百钱，月十五日毕（右齿）。（ⅠT0116②：146）

9. 出钱七百五钱，会计入王生出。食三。初元四年六月已卯，守令史官佐建以给龙勒都田佐李贤五月奉食令君临（竹简）。（ⅡT0216②：228）

10. 出钱六百六十·萧政出□□□出。初元四年六月癸未，啬夫安世以付效谷假佐梁相五月奉食……（ⅤT1611③：5）

11. 入钱五百卅二，初元五年六月乙卯，厨啬夫宫受千乘里郑奉德十日（左齿）。（ⅤT1311③：280）

12. 入钱五百以顾荽十石，初元五年十一月□☑。（ⅤT1311③：292）

13. 建昭三年六月乙未, 效谷守☑ A/☑☑直千七百☑冠一只, 直六十☑。B (ⅡT0215S: 255AB)

14. 三百八十六匹, 直二百七十五。建昭四年九月己酉, 敦煌大守千秋长史。(ⅡT0216②: 263)

15. 出五月奉食钱八百八十五, 建始二年六月己未, 少内啬夫朱☑付望都亭长成禁☑☑☑☑。(ⅣT0617③: 3)

16. 出垦田一顷一十五亩, 籴粟小石六十九, 直钱六千二百一十。建始二十二月, 少内啬夫辅付宜民里韩延。(ⅡT0114③: 442)

17. 出垦田五十一亩, 籴粟小石廿石, 直钱六千二千七百。建始二☑十二月, 少内啬夫辅付寿亲里董彭。(ⅠT0111②: 97)

18. 入五年二月更钱八百比二直八十四, 河平五年二月丙申, 邸令史博受柳里爱猛。(ⅡT0111②: 14)

19. 出钱八千五百, 苜蓿葵八十五石。阳朔三年十一月己丑, 县泉啬夫定付敦煌新成里山谭。(ⅠT0109②: 19)

20. 出粟七十六石, 钱千三百六十。鸿嘉四年二月……啬夫敞付☑泉☑。(ⅡT0212②: 49)

21. 出稟十四石, 直钱千六百五十。鸿嘉四年二月辛卯, 效谷寿亲里肖马付县泉啬夫敞。(91DXC: 92)

22. 出稟五十一石, 直钱五千六百一十。鸿嘉四年二月辛卯, 县泉置啬夫敞付效谷益里邓恽 (左齿)。(ⅡT0112①B: 2)

23. 出葵十四石半, 直千四百七十。鸿嘉四年二月辛卯, 县泉置啬夫敞付效谷临乐里陈襃 (左齿)。(ⅡT0111①: 218)

24. 出葵廿八石, 直钱二千九百卅。鸿嘉四年二月辛卯, 县泉啬夫敞付敦煌乐世里束并已。(ⅡT0111①: 193)

25. 出葵廿八石, 直钱千七百八十五。鸿嘉四年二月辛卯, 县泉啬夫敞付效谷大穰里韩长☑。(ⅠT0111①: 83)

26. 出稟廿九石石百一十, 当十二石, 直钱二千二百, 夫☑☑八

石。鸿嘉四年三月丁酉，县泉啬夫敞付冥安安里谭赏。（ⅡT0111①：192）

27. 入籴粟小石百五十三石，直钱万八千五百一十三。永始三年五月，临乐里史顺受少内守啬夫永。（ⅡT0115①：43）

28. 入钱廿肉直，绥和二年九月☒（左齿）。（ⅡT0112②：132）

29. 出靴四，直八百。建平元年二年正月中，县泉置佐戴忠孟昌送迎都护失亡□☒。（ⅡT0214②：167）

30. 入死马钱二百卅，得玉里吴忠百五十，定汉里王意八十，建平五年七月甲。

辰啬夫阳受使校师政，十月六日课校。（右齿）（ⅠT0112①：4）

31. 入钱五十九其廿再食平卅九籴三斗。建平五年十一月壬戌，县泉置啬夫谭受主簿晏☒。（ⅡT0115②：91）

32. 入钱卅，长史君三人肉食平钱廿四，从者三人肉食平，元寿二年☒。（91DXC：95）

33. ☒□□□□具一食平西□□六十四粟四斗·六钱日宿二束，元始二年三月庚午，县泉啬夫长受主簿宪（右齿）。（ⅡT0114②：208）

34. 出遮要六月御钱三千五百，其千六百五十付张子候千付君卿，八百五十□……牛康受，元始四年六月庚子安乐乡啬夫并付遮要置啬夫敞。（92DXH12：1）

35. ☒……更钱六百，元始四年八月丁卯，啬夫并受佐侯充。（92DXH12：2）

36. □□□□亡□一☒吏徒失亡器物名，佐杨博亡缇履苓繵各一，直百八十，奴周生便亡鞜靴韦杠衣各一，直千二百。（ⅠT0110①：14）

37. 置佐张成亡繵一匹直五百。（T0111②：60）

38. 出钱三百七十七以给县泉厩佐陈光，七月十三日奉九月戊子少内佐寿付光。（ⅡT0111②：116）

39. 失亡革把繵一匹，直六百，当负时啬夫郭定佐赵欣音主。

（IIT0114②：233）

40. 入籴粟小石九十石，直八千六百五十。十月庚午县泉啬夫长受高议里繸护自出□毕。（IIT0215②：12）

41. 五月御钱二千八百佐顺受假佐明友。（VT1311③：54）

42. 出钱四百以补死马肉二匹，其一匹名曰金丸，一匹名曰张顺，六月壬戌，啬夫奉光□□。（VT1310③：94）

43. 百五十兔朴十枚，枚十五，正月壬寅啬夫奉光市给□。（VT1210③：46）

44. 出钱二百廿，脂十一斤，斤廿，佐广市。（VT1210③：115）

45. □二千五百，布、单襦裤、履各一领，千二百五十，余钱至十月毕，失亡折伤器物一钱以□。（VT1510②：144）

46. □□百污襦一，直三百□□。（IT0208C：11）

47. □长襦贾钱二千四百年钱□。（VT1812②：148）

48. 居妇人面衣十枚，枚卅三，直四百卅（竹简）。（IIT0314③：2）

49. 桓里干常利犁冠二，直卅八，妻文君取·凡三百□□。

□□□□□□直九十。（IIT0112②：12）

50. 出钱二百九布二丈□。（IIT0115③：292）

51. 误少七百七十四钱十二月御王□□受靳掾钱三千。A

布三尺，直十钱，皂一尺九寸□黄一尺，直九钱，公绶一尺，直十三，缥一尺，直百二，练一尺，直百□□一尺，直卅□□。B（T1712V④：32AB）

52. □□□二付李卿以□□□□。（IT0112②：115）

53. ·凡交龙锦二百卅一匹一丈一尺四寸，直十二万七千二百六钱率匹五百五十。（VT1309④：2）

54. ■右出交龙锦百五十三匹一丈一尺四寸，直八万四千三百六钱付郡仓。（VT1309④：4）

55. 出□交龙锦一匹，直五百五十。（VT1309④：13）

56. 凡出青汉纯锦六匹，直九千六百率匹千六百。（VT1309④：5）

57. 出落真锦一匹直九百，付效谷，十一月。（VT0310④：12）

58. 出……出四千八百缣一丈，出千二百肉卅☑。（T0310③：12）

59. 明缣一匹，直二百七十（削衣）。（ⅡT0114S：235）

60. 缣丈七尺半尺凡，直百卅☑☑。凡直三百廿八☑☑☑☑。（ⅡT0314②：263）

61. 绛五尺，尺卅五，直百七十五，绿二尺，尺直卅三，直六十六·凡直二百卅一，安民布音西门任赏，都亭麻忠东门史恽，甘井靳程宜禾孙长，效谷张护，遮要尊，街泉唐音平望郭弘毋穷杨临。☑临泉乐护☑·凡十二人☑。（ⅡT0113①：72）

62. ·☑冠二，直百卅·缇绩三，直百廿八，绛二丈，直二百五十一，彩丈六直。A

庆辅四百为六百八十阝。B（ⅡT0214③：158AB）

63. 阜六尺，尺廿，百廿代☑。陈☑☑☑☑☑。（ⅡT033S：38）

64. ☑☑☑☑☑白素二匹，匹七百，直千四☑。（ⅡT0114S：23）

65. 枲卅五斤，直七百六十五☑。（ⅡT0215S：17）

66. 出钱六百枲卅斤。（ⅡT0214②：54）

67. 出钱六百，革卅枚，枚廿。贾人子伟所。（ⅡT0111①：185）

68. □缇二匹直二千率匹千钱☑。（IT0116②：22）

69. 絮一枚，直百廿五☑……A

入千四百卅七……与此直七石……凡十物☑。B（IT0207②：2AB）

70. 之农官米十石，石二百卅，直☑☑☑☑☑☑☑☑A/☑橐絮十枚，枚五十，直五百·凡直千八百卅☑。B（ⅡT0115③：140）

71. □□□绪絮十氏，直卅□十丈，直廿。（ⅡT0115③：140）

72. 付厨啬夫，任尚字子郎☑。A

■平贾粟八斗，直百卅四目宿☑。B（ⅡT0114②：58AB）

73. 出钱万六千二百五十，籴粟二百五十石，石六十五。（ⅡT0114

④：289）

74. 粟一石，直百卌六人平直七十二，肉三斤直十四·凡直二百廿六（右齿）。（ⅡT0215②：426）

75. 出钱三千五百籴粟五十石石七十。（ⅡT0214②：42）

76. 除入仓□□□□□粟五石定入仓百一十五石，石七十五，直钱八千六☑。A

当除本少五百肖子君用钱五百。B（VT1309④：35AB）

77. ☑食双泉亭出十九粟二斗，出廿三粟□☑。出十二平贾。（ⅡT113②：90）

78. 马容□直百七十二千□☑。A/□□□粟十一石六斗直五百八十。B（VT1812②：273AB）

79. ……外相见服欧辞不货粟三石货，直钱二百一十。欧敝布单衣一，直二百☑。（ⅡT0111①：148）

80. 出钱百廿籴米二斗，贾人王□☑。（ⅡT0111①：31）

81. 中米一石直百，凡直七百卅六■。（ⅡT0214②：12）

82. ☑取庸八十九人，其卌九人女子，人廿七，卅人男子，人卌五，食八石九斗斗十二。（ⅠT0112①：23）

83. 出钱百六十，沽酒一石六斗，自出以食守属董并□，华贺所送莎车使者一人，罽宾从者二人，祭越使者一人，凡四人，人四食食一斗至（自出二次书）。（ⅠT0112①：23）

84. 出赋钱百卌沽酒，一石四斗斗十钱□☑。（ⅡT0113②：24）

85. 出钱五十二豉二斗，贾人王子赣。（ⅡT0111①：32）

86. ☑日敦煌豉半斗十五敦煌。（ⅠT0112①：43）

87. ·传马死二匹负一匹，直万五千，长丞掾啬夫负二佐负一☑。（ⅠT0205②：61）

88. 牛一，淳黑犗齿七岁，絜九尺，度得七百斤以上，直九千五百☑。（ⅡT0314②：53）

89. 出钱千一百赋司御王充三年十二月钱 S☑。(IIT0115③：27)

90. 委粟里田禹居县泉闰月司御贾钱千三百约已☑。（IIT0214③：121）

91. 十月居舍人当□钱五百，故乡啬夫牛长收钱八百多三百，书到持钱居舍。(IT0112②：13)

92. ☑委粟里陈子都取同县得王里田盖宗为庸贾钱，九百五十期钱今以□月□日钱毕，任者龙次卿，沽酒饮二斗。(IIT0113③：217)

93. 妻余□作积五十八日贾直千。(IIT0214③：197)

94. 无所依□穷极代徒，申腾居四岁刑，得钱八千饭。（IVT0915②：2）

95. ☑□弓一缕直二百。

96. 益光里寿□二人更钱八百廿四年。A

正不诚数。B（IIT0111③：49AB）

97. 初元二年□月□□朔庚，申效谷宜禾里石广宗为……一月御贾钱千三百今余几百钱，月十五日唯（右齿）。(IT0116②：146)

98. 五十☑。

□百卅四千枚直四百，并直千四百九十时交钱决令人取钱合券。（VT1812②：1）

第五节　其他简牍中取予文书辑解

《敦煌汉简释文》等文献中尚有 10 件取予文书，其中 5 件文书记载的是居摄年间的取予情形。这些文书内容较完整，不仅记载了时间、当事人和取予物品，而且对当事人的身份记载非常详细。从文书条款的具体内容来看，同一地区的取予文书格式基本相同。

1. 入郡仓。元年六月转二两，麦小石七十五石。居摄元年八月已未，步昌候长党、隧长尚,受就人龙勒万年里☒。(一二三四)《敦煌汉简释文》一《新中国建立后出土的汉简》(二)《敦煌后坑墩采集的汉简》

2. 入郡仓。居摄三年正月癸卯转两,粟小石一石六斗六升大。居摄三年四月壬辰,大煎都步昌候史尹钦隧长张博,受就人敦煌高昌里滑护字君房。(二八二)《敦煌汉简释文》《新中国建立后出土的汉简》(一)《敦煌马圈湾出土的汉简》

3. 入郡仓。居摄三年正月癸卯,转一两半两,麦小石五十六石二斗五升。居摄三年四月壬辰,大煎都步昌候史尹钦隧长张博,受就人敦煌利成里张贺字少平。(二八三)《敦煌汉简释文·敦煌马圈湾出土的汉简》

4. 入郡仓。居摄三年正月癸卯转一两,麦小石卅七石五斗。居摄三年三月戊辰,大煎都士吏牛党候吏尹钦,受就人效谷益寿里邓尊(二八四)。《敦煌汉简释文·敦煌马圈湾出土的汉简》

5. 入麦小石十三石五升。居摄三年三月戊辰大煎都士吏牛党、候史尹钦受就人效谷益寿里邓尊少不满车两未豢(二八五)。《敦煌汉简释文·敦煌马圈湾出土的汉简》

6. 出糜二斛。元和四年八月五日。僦人张季元付平望。西部候长宪。(一九六〇)《敦煌汉简释文》

7. 十二月甲辰,官告千秋隧长记到。转车过车。令载十束苇,为期有教(A)

千秋隧长故行。(B)(一二三六)《敦煌汉简释文·(三)敦煌后坑墩采集的汉简》

8. 一甲渠临木隧长□六石赤耳具弩三,完婴缓衣弦自解弩一,文中布不札□大下——·遭机一,疾利铌二,能□二卒郑凤代发五石赤鞇具弩一,完婴缓衣弦解——·藁矢二,□□折——三见二人长辟二,其一顿破,肩□皆破,端毋其——·藁矢六,折呼长四寸四候仓坞上转射二所,深目中不辟除一所,转射空小不乘长辟木二,不事用五坞上转射一所，深目中不辟除一所，转射毋稺辟□□毋积。《居延汉简甲乙编》上册叁《图版》乙图版柒陆，编号八九·二一。下册肆《释文》六六页上，编号同

9. 六月尽七月奉絮七斤八两十八铢，八月尽九月奉絮六斤十五两七铢。凡十四斤八两一铢。（一四八〇）

李广利，《敦煌汉简释文》十二《敦煌酥油土出土的汉简》

10. 广昌候史敦煌富贵里孙毋忧未得二月尽五月积四月，奉钱二千五百。（一七五七）《敦煌汉简释文》

第六章　通关文书辑解

"关"指关门，为汉时检查人员和物资出入国境的站口。通关文书指通过边境时的凭证。《周礼·地官·司关》载："司关掌国货之节，以联门市。"货节，谓商本所发司市之玺节也。自外来者，则案其节，而书其货多少，通之国门，国门通之司市。自内出者，司市为之玺节，通之国门，国门通之关门。参相联以检猾商。① 由此得知，"关"作为出入境人员和货物的必经之路，其作用之一是检查出入关门的货物，便于政府征税和管理；作用之二是记录、管理出入国境之人员。即"司货贿之出入者，掌其治禁与其征廛"。征廛者，货贿之税与所止邸舍也。关下亦有邸客舍，其出布如市之廛。

"凡货不出于关者，举其货，罚其人。"不出于关者，谓从私道出避税者，则没其财而挞其人。回避关津而走其他的道路，目的是规避官府的管理，要没收其财务，惩罚其越关者。"凡所达货贿者，则以节传出之。"商或取货于民间，无玺节者至关，关为之玺节及传出之。其有玺节亦为之传。传，如今移过所文书。因此，凡是出入过境的人与货，均须有通关之凭证，即通关文书。

西北出土的汉简记载通关文书的有 400 件之多，主要集中于《肩水金关汉简》。按照通关文书的类型来分，有普通通关文书、"葆"类文书、"私市"类文书等。

---

① （清）孙诒让：《周礼正义》，中华书局 2013 年版，第 1105 页。

汉时，国家有专门规范通行关门的法令，即《津关令》，其中对于出入关口的物资、人员均有较详细的规定。以此部分史料为基础，结合《津关令》之内容，可以详细分析汉时出入关门法律规范的运行状况及国家调控方式。

第一节　汉简中通关文书辑解

《居延汉简释文合校》和《肩水金关汉简》共收录普通通关文书155件，从内容来看，主要涉及时间、出关之人、出关事由、随行之车马、所携带之物品等。多数通关文书记载的内容并不全面，但对于出关之人的记载较为详细，有的文书不仅记载出关之人的身份、年龄，还说明了其有无犯罪记录，或典型身体特征。

1. 自致张掖逢过河津关如律令。（37·2）

2. 吏卒谨迹候望禁止往来行。（278·6）

3. 元凤三年十月戊子朔戊子，酒泉库令安国以近次兼行大守事丞步迁谓过所县，河津请遣□官持□□□钱去□□取丞从事，金城、张掖、酒泉、敦煌郡乘家所占畜马二匹当传舍，从者如律令/掾胜胡卒史广。（303·12A）

十月壬辰卒史解章曰酒泉库令印。（303·12B）

4. ☑弘敢言之，祝里男子张忠臣与同里□□年卅四岁谭正□大夫年十八岁皆毋官狱☑□□勿苛留止如律令/令史始□□。（340·6）

5. ☑之宜岁里公乘王富年卅五岁，自言为家私☑言之八月壬子洛阳丞大移所过县。（73EJT1：80A）《肩水金关》（壹）

6. 回五月庚子钱更吏居延王翁稚入关回辈十一□（檢）少前封檢符。（73EJT3：16）《肩水金关》（壹）

7. ☑大昌里丁当妻君所。（73EJT5：8A）

☑□小女世母徐甯□□孙市人与入。（73EJT5：8B）《肩水金关》（壹）

8. ☑□□□□穰邑临渴里陈政万□年廿七☑。（73EJT6：96）《肩水金关》（壹）

9. ☑□吴□侯歆年卅五长七尺一寸，七月□☑。（73EJT6：97）《肩水金关》（壹）

10. ☑里臧强年卅一☑。（73EJT6：98）《肩水金关》（壹）

11. ☑□彭祖年卅长七尺三二寸，黑色刑乏□☑。（73EJT6：99）《肩水金关》（壹）

12. 戍卒魏郡内黄中□里大夫□吉成郭去疾年☑。（73EJT6：100）《肩水金关》（壹）

13. ☑□长里公乘贾利年廿六，长七尺□☑。（73EJT6：101）《肩水金关》（壹）

14. ☑里贾忠年十五，长五尺黑色☑。（73EJT6：102）《肩水金关》（壹）

15. ☑□寿里大夫李敞成年卅☑。（73EJT6：103）《肩水金关》（壹）

16. ☑□汤年卌☑。（73EJT6：104）《肩水金关》（壹）

17. ☑宜民里上造召成年卌五，长七尺二寸黑色☑。（73EJT6：135B）《肩水金关》（壹）

18. 第六隧长昭武□□里公乘成☑。（73EJT7：86）《肩水金关》（壹）

19. 戍卒颍川郡颍阴邑西城时里郑未央年卅四，长七尺二寸☑。（73EJT8：33A）

（B无字）《肩水金关》（壹）

20. 安定郡施刑士鹑阴大富里陈□通年卅五，黑色长七尺。（73EJT8：35）《肩水金关》（壹）

21. 永光四年六月己酉朔☑入关如牒书到如☑。（73EJT8：36A）《肩水金关》（壹）

22. 金关□阴□□。（73EJT8：36B）《肩水金关》（壹）

23. ▨甘露二年十月☑关传致籍☑。（73EJT9：11）《肩水金关》（壹）

24. 案延寿年爵如书，毋官狱征事，期往来百廿日，谒移过所县邑敢言之，尉史□□□□□□□□□……（73EJT9：12A）《肩水金关》（壹）

25. 河南长印。（73EJT9：12B）《肩水金关》（壹）

26. 五凤四年八月庚戌亭长利主妻觻得定国里司马服年卅二岁橐他石南亭长符子小女自为年六岁皆黑色入出止（左齿）。（73EJT9：87）《肩水金关》（壹）

27. 从者魏郡北里耶道年廿二☑。（73EJT9：88）《肩水金关》（壹）

28. 肩水候官。（73EJT9：89）《肩水金关》（壹）

29. 河南郡洛阳归德里公乘杜□汉年六十四岁长七尺二寸二月庚子入□□弩一车＝一两牛二剑一（竹简）。（73EJT10：129）《肩水金关》（壹）

30. 府佐尹予厩佐让☑。（73EJT10：215B）

☑子段曹年五十八自言为家☑十八，毋官狱征事当得取。（73EJT10：216）《肩水金关》（壹）

31. ☑吏写移书到如律。（73EJT10：217）《肩水金关》（壹）

32. ☑狱囚大男富里冯遂，年六十二，长七尺☑。（73EJT10：249）《肩水金关》（壹）

33. 状猛公乘觻得长寿里年卅二岁，故肩水。（73EJT11：8）《肩水金关》（贰）

34. 蒙平原里吕肩年卅☑。（73EJT11：9）《肩水金关》（贰）

35. ☑九月壬戌出。（73EJT11：20）《肩水金关》（贰）

36. ☑隧长汤敢☑（73EJT11：21）《肩水金关》（贰）

37. ☑肖强毋予皮毛疾以□□刚毋予脅疾以成☑妻大女觻得安定里李□年十九岁。

☑子小男□年三岁……出。（73EJT11：24）《肩水金关》（贰）

38. 劳边使者过界中费。(73EJT21：2)《肩水金关》(贰)

39. 粱米八斗，直百六十。(73EJT21：3)《肩水金关》(贰)

40. 即米三石，直四百五十。(73EJT21：4)《肩水金关》(贰)

41. 羊二，直五百。(73EJT21：5)《肩水金关》(贰)

42. 酒二石，直二百八十。(73EJT21：6)《肩水金关》(贰)

43. 盐豉各一斗，直卅。(73EJT21：7)《肩水金关》(贰)

44. 莽将置直五十。(73EJT21：8)《肩水金关》(贰)

45. 往来过费凡直千四百七十。(73EJT21：9)《肩水金关》(贰)

46. ☑隧戍卒粱国菑市阳里。(73EJT23：498)《肩水金关》(贰)

47. ☑二索不事用☑。(73EJT23：499)《肩水金关》(贰)

48. 安世隧长孙长贤☑。(73EJT23：826)《肩水金关》(贰)

49. 鬼新赵齐☑。(73EJT23：826)《肩水金关》(贰)

50. 阴□陵里黄恭☑。(73EJT23：844)《肩水金关》(贰)

51. 元始二年四月壬午朔……移过所县道河津关遣都田守啬夫陈恽以诏书行水酒……/兼掾诩令史谭佐宏。(73EJT24：9A)《肩水金关》(贰)

居延丞印四月……南人。(73EJT24：9B)《肩水金关》(贰)

52. 十二月戊午，肩水守候塞尉候长□生，以私印行事敢言之。(73EJT21：39)《肩水金关》(贰)

53. 地节五年正月丙子朔戊寅，肩水候房，以私印行事，谓士吏平候行塞书到平行。(73EJT21：42A)《肩水金关》(贰)

印曰候房印，正月戊寅郭卒福以来。(73EJT21：42B)《肩水金关》(贰)

54. 牒书狱所还一牒，逯一牒，本始二年七月甲申朔甲午，鞣得守狱丞却胡，以私印行事敢言之。肩水都尉府移庾候官告尉谓游□安息等，书到杂假捕此牒，人毋令漏泄先闻知得定名县爵里年姓官秩它坐或。(73EJT21：47)《肩水金关》(贰)

55. 正月癸巳，肩水候房以私印行事，告尉谓士吏平候长章等写移

书到除前书以后书品约从事，毋忽如律令/尉史义。（73EJT21：103）《肩水金关》（贰）

56. ☑寿光以私印行丞事，以令为□封。（73EJT21：143）《肩水金关》（贰）

57. ☑□以私印行事☑。（73EJT21：366）《肩水金关》（贰）

58. 缑氏闲里杨玄成，年卅，字君光氏，正月壬申出，三月丙寅。（73EJT23：146）《肩水金关》（贰）

59. ☑万赏，年廿三，黑色长七尺二寸卩出右☑。（73EJT23：148）《肩水金关》（贰）

60. 元始五年十二月辛酉朔庚辰，东乡啬夫丹敢言之，□□里男子耿永自言□彭守肩水橐他□□隧长永头以令取传，□彭衣食谨案，永等毋官狱徵事当得取传，□□□移过所，肩水金关往来出入毋苛留，如律令，敢言之。十二月庚辰，昭武长财守丞□移过所，写移如律令掾忠令史放。（73EJT23：335）《肩水金关》（贰）

61. ☑□以私印☑。（73EJT23：553）《肩水金关》（贰）

62. 地节四年二月乙丑，张掖肩水司马德，以私印行都尉事，谓肩水侯官写移书到侯严教乘亭塞吏各廞索部界中诏所名捕施刑士金利等，毋令留居部界中，毋有具移吏卒相牵证任不舍匿诏所名捕金利等移爰书，都尉府会二月廿五须报大守府毋忽它如律令。（73EJT23：620）《肩水金关》（贰）

63. 五月癸未，橐他侯贤以私印行事，敢言固钗工昌为橐他固今遣诣府移关门□☑。（73EJT24：25）《肩水金关》（贰）

64. 戍卒钜鹿郡广阿秋华里侯遂☑。（73EJT24：836）《肩水金关》（叁）

65. 昭武市阳里大女☑。（73EJT24：850）《肩水金关》（叁）

66. 河南安国里公乘丁□□□□□□□☑。（削衣）（73EJT33：31）《肩水金关》（肆）

67. 驿北亭卒李未央母穉妇☑。（73EJT33：53A）

小庸☑。（73EJT33：53B）《肩水金关》（肆）

68. 以传出者得人马牛食谷，毋过廿斗，及田关外以符出者得以顷亩出☑。（73EJT34：11）《肩水金关》（肆）

69. ☑䩇车一乘，马一匹，字子师皆十二月己酉入。（73EJT37：60）《肩水金关汉简》（肆）

☑事当得以令□□□以私印行事库□☑。（73EJT37：287A）《肩水金关》（肆）

70. 荥阳□里贾罢军☑。（73EJT37：319）《肩水金关》（肆）

71. 㸪得安国里公乘李凤，年卅□□☑。（73EJT37：536）《肩水金关》（肆）

72. 建平四年正月家属符☑。（73EJT37：625）《肩水金关》（肆）

73. ☑贾车长未但数。（73EJT37：648A）《肩水金关》（肆）

74. ☑□平。（73EJT37：648B）《肩水金关》（肆）

75. ☑䩇车八乘马十一匹。（73EJT37：668B）《肩水金关》（肆）

76. ☑□䩇车十二乘私马十六匹，七月己卯出。（73EJT37：838）《肩水金关》（肆）

77. 取传迎家属谨案谊☑。（73EJT37：932A）《肩水金关》（肆）

㸪得丞印☑。（73EJT37：932B）《肩水金关》（肆）

78. 居延完城旦大男梁奉宗☑。（73EJT37：1120）《肩水金关》（肆）

79. 肩水库嗇夫王护妻大女君以年卌，子大男凤年十七☑子大男襃年十六。（73EJT37：1406）《肩水金关》（肆）

80. 肩水金关居延县索关隧次行☑。（73EJT37：1441A）《肩水金关》（肆）

子□孙元延三年□丘得毋有它急如牒。（73EJT37：1441B）《肩水金关》（肆）

81. 建平四年正月家属出入尽十二月☑。（73EJT37：1562）《肩水

金关》（肆）

82. ☑□辛辛庚、酉卯申、初伏。庚、寅、后伏。庚己己戊，丞相史陈，戊，申丑未子，卿从居延来，午。(73EJH1：4)《肩水金关》（肆）

83. ☑字贾方箱一乘者白马一匹。(73EJH2：3)《肩水金关》（肆）

84. □□里韩成年廿，万岁里冯竟年卅，载鱼五千头。大车二两，牛四头，釜一。作者肩水里李立卅五。弩二，箭二发。(73EJF1：26)《肩水金关》（肆）

85. 表是宰之印。错田表是常安善居里李钦年三十。作者乐得广昌里张钱年三十，大车一两，用牛二头。十二月庚子入。(73EJF1：30＋28)《肩水金关》（肆）

86. 从者玉门临泉里程不识年卅五，轺车三乘用马六匹，闰月辛卯北出。(73EJT37：53)《肩水金关》（肆）

87. 元延四年十一月丁丑朔乙未，西乡啬夫竟佐政敢言之，利贵里男子贾□之张掖居延原以律取传，谨案□年姓如牒毋官狱征事当得取。(73EJT37：59)《肩水金关》（肆）

88. 妻昭武便处里鲁请年十九（简右侧有一刻齿）。(73EJT37：754)《肩水金关》（肆）

89. 橐他沙上隧长鲁钦建平元年正月家属符，建平二年家属符，子男临年十六，子女召年廿，子女青年二岁，子女骄年十三，子妇君阳年廿三，子女君乘年八，子男钦年三岁（简左侧有一刻齿）。(73EJT37：755)《肩水金关》（肆）

90. 广地橐他收降隧长陈建建平二年正月家属符，妻大女觻得安成里陈自为年卌四，子小男悝年九岁，子小女护□年□□，车一两（简右侧有一刻齿）。(73EJT37：756)《肩水金关》（肆）

91. 累下隧长寿王子大女来君，居延千秋里年十八岁，长七尺黑色，子小男长乐年一岁（简右侧有一刻齿）。(73EJT37：757)《肩水金关》（肆）

92. 橐他南部候史虞宪，建平四年正月家属出入尽十二月符。子小男捐之年七岁，母昭武平都里虞俭年五十，妻大女丑年廿五，大车一两，子小女孙子年七岁，用牛二头，子小男冯子年四岁，用马一匹（简右侧有一刻齿）。(73EJT37：758)《肩水金关》（肆）

93. 橐他曲河亭长昭武宜春里妻大女阳年廿三，牛车一两，子小女顷閒年三岁，用牛二头（简右侧有一刻齿），陆永家属符。(73EJT37：761)《肩水金关》（肆）

94. 橐他石南亭长王，并妻大女昭武宜众里王办年五十，子男嘉年十一岁，建平四年正月家属，出入尽十二月符，大车一两（简右侧有一刻齿），用牛二头用马一匹。(73EJT37：762)《肩水金关》（肆）

95. ☑□辛巳朔丁未，肩水驿北守亭长，谊以私印行候事□□□□□县爵里年姓各如牒书到入如律令☑。(73EJT37：794)《肩水金关》（肆）

96. 十月壬申鱳得守丞强以私印行事，谒移肩水金□☑。(73EJT37：842)《肩水金关》（肆）

97. ☑□□平明里徐护年十六，轺车一乘，马一匹□牝齿七岁，高六尺……北出。(73EJT37：914)《肩水金关》（肆）

98. 橐他□南亭长孙章妻大女鱳得寿贵里孙□年廿五，子小男自当年二（简右侧有一刻齿），阳朔三年正月家属符，皆黑色。(73EJT37：1007)《肩水金关》（肆）

99. 橐他候史氏池千金里张彭，建平四年正月家属符。

母居延□庭里徐都君年五十，男弟鱳得当富里张恽年廿，男弟临年十八，女弟来侯年廿五，女子骄年十五，彭妻大女阳年廿五，车二两，用牛四头，马三匹（简右侧有一刻齿）。(73EJT37：1058)《肩水金关》（肆）

100. 橐他通道亭长宋捐之，永始四年家属符，尽十二月。妻大女鱳得常乐里宋待君年廿二，子小男自当年九，子小女廉年六（简右侧有一刻齿）。(73EJT37：1059)《肩水金关》（肆）

101. 八月乙亥，鱳得守丞强以私印行事，移肩水金关出来传如律

令。（73EJT37：1092）《肩水金关》（肆）

102. 橐他□□隧……建平四年家属符。（73EJT37：1112）《肩水金关》（肆）

103. ☑子男恭年廿☑。（73EJT37：1135）《肩水金关》（肆）

104. ☑子翁兄皆以十一月己酉出。（73EJT37：1136）《肩水金关》（肆）

105. 府守属臧护，妻鱳得长寿里大夫女臧服君，年卅五，子小男宪年十四尸，牛车一两，用牛二。正月戊寅出，二月癸卯入。（73EJT37：1150）《肩水金关》（肆）

106. ☑申朔庚午肩水驿北亭长何，以私印□县里年姓如牒书到出入如律令☑。（73EJT37：1311）《肩水金关》（肆）

107. ☑大凡千一百七十四☑。（73EJT37：1312B）《肩水金关》（肆）

108. 正月壬子橐他北部候长勋，以私印行候事写移书到出……正月如律令。（73EJT37：1439）《肩水金关》（肆）

109. 建平四年正月家属出入尽十二月符☑。（73EJT37：1457）《肩水金关》（肆）

110. ☑尉钦以私印（削衣）。（73EJF1：58）《肩水金关》（肆）

111. 地节四年五月庚辰朔辛巳，肩水候房以私印行事谓候长充宗官当空道过往来乘传客及□□甚剧，毋以给书到充宗各以闲时省卒及美草盛时茭各如牒，务得美草，毋假时毕已，移□□☑行茭须以给往来乘传马及□候骑马食毋忽如律令。（73EJF1：74）《肩水金关》（肆）

112. ☑市阳里卫放年廿四☑。（73EJF2：6）《肩水金关》（伍）

113. 居延丞妇□得定安里姚枚私马一匹轺□☑。（73EJF2：38）《肩水金关》（伍）

114. ☑□妻始年二子男福年☑。（73EJF2：39）《肩水金关》（伍）

115. 寒虏隧卒河东闻憙邑楼里乐欣年三十三。（73EJF3：35）《肩水金关》（伍）

116. 南阳郡杜衍亭长垣党年卅五，轺车一乘，用马一匹，骝牝齿

七岁，高六尺二寸，六月庚子出。（73EJF3：48＋532＋485）《肩水金关》（伍）

117. 钦卒韩长宿隧中乐城☑☑。（73EJF3：52）《肩水金关》（伍）

118. 就人扶安国圉李里黄晏年卅五，用牛三☑为，人小短黄白色毋须☑。（73EJF3：57A）《肩水金关》（伍）

四月甲寅复致人☑。（73EJF3：57B）《肩水金关》（伍）

119. ☑右二人属肩水要虏隧☑。（73EJF3：58）《肩水金关》（伍）

120. ☑车牛一两☑。（73EJF3：59）《肩水金关》（伍）

121. ☑阴里男子左音年六十二☑☑字子侯。（73EJF3：61）《肩水金关》（伍）

122. 始建国元年入月庚子朔乙巳，南乡有秩博敢言之。悉意虞章自言为家私使之居延，愿以令取传，谨案。章年卅，六爵公乘如牒章毋官狱徵事。当得以令取传，谒移居延县索津关出入毋苛留止如律令/八月乙巳䜣得长守丞襄移过所写移如律令/掾戎守令史商。（73EJF3：175＋219＋583＋196＋407）《肩水金关》（伍）

123. ☑荥阳直里黄霸年廿七字君☑☑。（73EJF3：253）《肩水金关》（伍）

124. ☑轺车一乘，马一匹，骊駮牡齿十四岁，高五尺八寸☑。（73EJF3：256）《肩水金关》（伍）

125. 不以时出入受☑。（73EJF3：296）《肩水金关》（伍）

126. ☑☑闻往时关吏留难商贾。（73EJF3：297）《肩水金关》（伍）

127. 公乘耿谊年卅八☑。（73EJF3：321）《肩水金关》（伍）

128. 僦人填戎乐里下造张翕年二十五，☑大车一两，用牛二头☑。（73EJF3：368）《肩水金关》（伍）

129. 僦人乐湑直里下造孟忠年三十五，大车一两，☑用牛二头☑。（73EJF3：356＋424）《肩水金关》（伍）

130. 戍卒䜣得孝仁里公乘贾☑☑。（73EJF3：538）《肩水金关》（伍）

131. 元始六年四月己未朔辛未，张掖居延骑司马实兼行城司马事移过所县道河津关，遣令史孙政为官市药酒泉郡中当舍传舍从者、令史阳。(73EJT4H：10＋61)《肩水金关》(伍)

132. 肩水卒史宋赏□□☑。(73EJD：99)《肩水金关》(伍)

133. ☑尉承书从事下当☑。(73EJD：140)《肩水金关》(伍)

134. 觼得富安里公乘□☑。(73EJC：136)《肩水金关》(伍)

135. 觼得骑士万年里齐博……(73EJC：250)《肩水金关》(伍)

136. ☑☑有德年卅八□☑。(73EJC：259)《肩水金关》(伍)

137. ☑□范忠公乘年卅一，字长孙牛车一两。(73EJC：294)《肩水金关》(伍)

138. 居延都尉守属延寿里公乘韩尊年卅二，轺车一乘，用马一匹□牝齿七岁。(73EJC：336)《肩水金关》(伍)

139. 戍卒梁国睢阳宜安里□☑。(73EJC：344)《肩水金关》(伍)

140. ☑骑士安世里窦常幸☑。(73EJC：464)《肩水金关》(伍)
☑□□□二☑。(73EJC：465)《肩水金关》(伍)

141. 安乐里范良☑。(73EJC：471)《肩水金关》(伍)

142. 卒史兴妻大女桂，从者同里王得原，俱往遗衣用乘所占用马一匹·谨案。延寿等毋官狱征事，当得取传，里父老更生等皆任延寿等谒言廷移过所县邑门亭河津马界关，毋苛留止如律令敢言之。(73EJC：529A)

章曰长丞安印……(73EJC：529B)《肩水金关》(伍)

143. 十一月己卯肩水士吏顺以私印兼行候事，下尉士吏顺东部候长迁等承书从事，下当用者如诏书。(73EJC：604)《肩水金关》(伍)
肩水金关。(73EJC：605)《肩水金关》(伍)

144. 南阳郡宛薄林里朱耐年廿四☑。(73EJC：614)《肩水金关》(伍)

145. □平乐隧铁甲一完。(73EJC：615)《肩水金关》(伍)

146. ☑车一两，黑辕牛齿九岁素九尺五寸。(73EJC：616)《肩水

金关》（伍）

147. 广地候平陵获福里五大夫任晏年卅四，诣府从者⬚。（73EJC：652）《肩水金关》（伍）

148. 觻得骑士万年里齐博。（73EDIC：2）《肩水金关》（伍）

149. 始建国元年十二月戊戌朔己酉，肩水关守啬夫岑以私印行，候文书谓关书到出入如律令。（73EJF3：153）《肩水金关》（伍）

150. 河平五年正月己酉朔壬戌，橐他守塞尉励以私印行事，移肩水金关，莫当戍卒阁被自言家父庞护戍肩水候官为人所伤，今遣被持药视护书到出内，如律令。（73EJD：42）《肩水金关》（伍）

151. □吏家属符别。（73EJC：310A）《肩水金关》（伍）

152. □橐他吏家属符真副。（73EJC：310B）《肩水金关》（伍）

153. ⬚骑士便里冯发年廿五⬚。（73EJC：357）《肩水金关》（伍）

154. ⬚守林隧以北肩水□北亭⬚。（73EJC：358）《肩水金关》（伍）

155. ⬚利不平端大司徒属⬚。（73EJC：359）《肩水金关》（伍）

第二节 "葆"类文书辑解

《肩水金关汉简》收录了134件"葆"类文书，这类文书是记载被担保出入关门人员名单的文书。西北汉简中，《肩水金关汉简》中的"葆"类文书数量最多，包括官吏对民的担保、官吏对官奴的担保、平民对平民的担保以及家庭成员间的担保。因为被担保人员身份的独特，还有专门以"葆"为限定的身份特征。

1. ⬚葆同县安定里公乘张忠，年卅五长七尺。（73EJT2：36）《肩水金关》（壹）

2. 永光五年正月乙巳朔壬申，肩水城尉奉世行⬚。成宣等，自言遣葆□□之官，如牒书到出入如⬚。（73EJT3：109）《肩水金关》（壹）

3. ⬚保同县临池里大夫潘忠，年廿三长七尺二寸入。（73EJT6：31）

4. 广地□子小女君曼，年十一岁，用马二匹，葆赘居延龙起里王都，年廿二，用牛二（左齿）。(73EJT6：41A)

……(73EJT6：41B)《肩水金关》（壹）

5. □葆书妻緤得□□里孙严，年廿六十八。(73EJT6：51)《肩水金关》（壹）

6. 万岁里公乘藉中，年卌八，为姑臧尉徐严葆，与严俱之官正月庚午入。(73EJT6：52)《肩水金关》（壹）

7. 葆王孙记书翁叔幸为糒致肩水厩吏徐少儒所 (73EJT9：13)《肩水金关》（壹）

8. □字君仲。(73EJT9：14)《肩水金关》（壹）

9. □□肩水金□光。(73EJT9：15)《肩水金关》（壹）

10. □将卒馆陶安乐长□。葆深上里范安世□。国毋留如律令。(73EJT9：69)《肩水金关》（壹）

11. 肩水金关☑。(73EJT9：70)《肩水金关》（壹）

12. ☑葆居延肩水里公乘史乐宗，年卌二岁，长七尺二寸☑。(73EJT9：228)《肩水金关》（壹）

13. 从武□□丞葆同里大夫王威年廿七岁，黑色☑。(73EJT10：245)《肩水金关》（壹）

14. ☑为家私市居延与子男齐葆同县☑。(73EJT10：370)《肩水金关》（壹）

15. ☑葆氏池安汉里男子马间☑。(73EJT11：11)《肩水金关》（贰）

16. 肩水郡都尉属令狐赏葆屋兰大昌里孙圣年廿八，长七尺五寸黑色。(73EJT14：3)《肩水金关》（贰）

17. ☑□葆会水延年里大□☑。(73EJT15：6)《肩水金关》（贰）

18. 鸿嘉五年吏妻子。

▨及葆出入关名籍。(73EJT21：35A)

鸿嘉五年五月。

▨吏妻子出入关及葆名籍。（73EJT21：35B）《肩水金关》（贰）

19. 橐佗候官与肩水金关为吏，妻子葆庸出入符，齿十从一至百左居官右移金关符合以从事。（右侧有刻齿）（73EJT22：99）《肩水金关》（贰）

20. ☑辰朔癸巳，广地候钦移居延卅井县索肩水金关部吏所葆家属为……（73EJT23：15A）

☑·令史谊。（73EJT23：15B）《肩水金关》（贰）

21. 始建国元年二月癸卯朔庚午，肩水候谓关啬夫钦史所葆如牒。（73EJT23：290）《肩水金关》（贰）

22. 本始五年五月戊辰朔辛巳，平乡保同里男子桥定广年五十四☑。（73EJT23：385）《肩水金关》（贰）

23. ☑大夫郑众年卅六，葆市北里□☑。（73EJT23：675）《肩水金关》（贰）

24. 凤四年四月辛丑朔甲寅，南乡啬夫□敢言之。□石里女子苏夫自言夫延寿为肩水仓丞原以令取，居延□□□与子男□葆延寿里段延年□□所占用马一匹轺车一乘·谨案户籍在乡□……移过所如律令/佐定。（73EJT23：772A）《肩水金关》（贰）

25. ☑□年十八右二人郑程葆。（73EJT23：813）《肩水金关》（贰）

26. ☑葆同县□里□上时。（73EJT23：870）《肩水金关》（贰）

27. ☑□之弟为葆也少须我报候及令史福具言候福曰得即封☑。（73EJT23：978）《肩水金关》（贰）

28. 橐他候官与肩水金关为吏妻子葆庸出入符，齿十从第一至百左居官右移金关葆合以从事第卅一（左侧有刻齿）。（73EJT24：19）《肩水金关》（贰）

29. 葆揭此当富里夏侯莽□☑。（73EJT24：63）《肩水金关》（贰）

30. 河上候史夏侯阳葆徒弟□☑。（73EJT24：155）《肩水金关》（贰）

31. □□□□郡中当舍传舍从者如律令·葆三泉里上造同为□☑。

（73EJT24：180）《肩水金关》（贰）

32. 史王佐赦敢告，尉史洀城陬里大夫张恢自言群父骑将为居延司马取传与葆。

☑往遗衣用乘家所占畜马二匹，毋官狱徵事，当为传谒移过所县邑☑／有秩☑王。（73EJT24：249）《肩水金关》（贰）

33. 里公乘孙宣年七十，葆䕾得当富里公乘任赏年卅，轺车二用，马三☑。（73EJT24：374）《肩水金关》（贰）

34. ☑☑葆俱之长安迎☑谒移过所县道。（73EJT24：431）《肩水金关》（贰）

35. ☑存以财为草以身为葆可以。（73EJT24：842）《肩水金关》（叁）

36. 主葛蓬爱☑费。（73EJT24：843）《肩水金关》（叁）

37. 永光二年五月辛卯朔己未，都乡啬夫禹敢言之。始乐里女子惠青辟自言为家私使之居延，与小奴同葆同县里公乘徐毋方偕，谨案青辟毋方庚赋给毋官狱事，当得取传，敢言之。五月己未，删丹长贺守丞禁移过所，写移毋苟留止如律令／兼掾嘉令史广汉。（73EJT33：40A）《肩水金关》（肆）

38. 删丹长印。（73EJT33：40B）《肩水金关》（肆）

39. ☑毋官徵事当为传移所过县邑毋何留敢言之。☑☑睢阳丞忠移所过县邑毋何留如律令。掾上葆令史建乘马一匹。（73EJT33：77）《肩水金关》（肆）

40. 居延令史薛宣葆居延当遂里男子张武，轺车一乘，马一匹。十月☑。（73EJT37：32）

41. 永始四年九月辛丑朔戊辰，都乡啬夫恭敢言之。三泉里男子☑咸自言为骑士从史何歆葆☑☑……（73EJT37：38）《肩水金关》（肆）

42. 河南郡缑氏县东昌里大夫杜葆年卅五，以九月出☑。（73EJT37：64）《肩水金关》（肆）

43. ☑年廿五葆西乡成汉里公乘张望年卅，车三两，葆同县敬老里

公乘侯歆年五十，牛口头。（73EJT37：64）《肩水金关》（肆）

44. 平乐隧长毛武葆子男糵得敬老里公乘毛良年廿三口，出入三月，癸丑北出三月癸酉南入。（73EJT37：83）《肩水金关》（肆）

45. 都仓置佐程谭，葆屋兰大昌里赵勤年卌八，十二月癸亥北啬夫丰出已入（73EJT37：129）《肩水金关》（肆）

46. 橐他守尉延陵循葆从者居延☑。（73EJT37：135）《肩水金关》（肆）

47. 建平四年正月家屬符，出入尽十二月。男口年二葆弟昭武宣春里辛昌年廿四岁。（73EJT37：177）《肩水金关》（肆）

48. ☑口令史成故自言遣所葆为☑。（73EJT37：197）《肩水金关》（肆）

49. 充汉葆屋兰千秋里苏仁年十五☑。（73EJT37：225）《肩水金关》（肆）

50. 鸿嘉四年九月甲午朔戊申口☑。（73EJT37：259）《肩水金关》（肆）

51. 居延髡钳徒大男王外☑。（73EJT37：260）《肩水金关》（肆）

52. ☑所葆收责橐☑。（73EJT37：261）《肩水金关》（肆）

53. ☑口男子……自口口口口口葆同县谊口里男子李口。（73EJT37：298）《肩水金关》（肆）

54. 葆河南都里廉望口☑。（73EJT37：361）《肩水金关》（肆）

55. 河南宜成里王葆年卌☑。（73EJT37：405）《肩水金关》（肆）

56. ☑葆糵口立妻大☑。（73EJT37：517）《肩水金关》（肆）

57. ☑葆俱之角得对大司空史原☑。（73EJT37：537）《肩水金关》（肆）

58. 葆俱名☑口。（73EJT37：587B）《肩水金关》（肆）

59. 建平元年四月癸亥朔，口口口水守城尉赏移肩水金关居延县索关吏自言遣所葆，为家私使居延名县里年姓如牒书出入，如律令。

60. 葆茂陵万延里陈广汉年卅二，长七尺六寸☑。（73EJT37：669）《肩水金关》（肆）

61. 葆扶风槐里东回里李可年卅。（73EJT37：741）《肩水金关》（肆）

62. 觻得始乐里公大夫封贤年五十，长七尺二寸黑色。十月壬辰出，十月庚子入，为平利里侯毕成葆卩。（73EJT37：745）《肩水金关》（肆）

63. 广地士吏护保觻得都里公乘张徙年卅五岁，长七尺五寸，黑色。（简右侧有一刻齿）（73EJT37：759）《肩水金关》（肆）

64. 建平元年九月庚寅朔丁未，掾音敢言之，官大奴杜胜自言与都尉五官掾石博。

葆俱移簿大守府原已令取谒移过所，县道河津关毋苛留，如律令，敢言之。（73EJT37：780）《肩水金关》（肆）

65. □马亭长封并，葆孙昭武久长里小男封明年，八岁□。三月甲子入。明弟乃始年四。（73EJT37：787）《肩水金关》（肆）

66. 安葆同里公乘冯未央年十九，长七尺二寸，黑色□卩。（73EJT37：802）《肩水金关》（肆）

67. 居延都尉书佐陈严□葆鞮汗里徐襄年□轺车一乘，马一匹，骊☑。（73EJT37：837）《肩水金关》（肆）

68. 葆东郡茌平邑始里公乘吕寿王年廿，长六尺七寸□☑。（73EJT37：844）《肩水金关》（肆）

69. 橐他野马隧长赵何葆妻觻得长寿里赵吴廿七，子小女佳年十三，子小男章年十一。（73EJT37：846）《肩水金关》（肆）

70. ……城尉平移肩水金关居延县索关吏使居延所葆各如牒书到，出入如律令。（73EJT37：913A）《肩水金关》（肆）

71. 守属随诩葆频阳南昌里公乘李凤，五年廿五正月庚午北出。（73EJT37：989）

72. 千秋葆京兆新丰西宫里官大夫被长寿年廿一，长七尺三寸，黑色，六月乙亥出囗。(73EJT37：1002)《肩水金关》(肆)

73. 觻得宜安里不更郝尊年卌葆作者同县乐就里公车二两，牛四头囗。(73EJT37：1036)《肩水金关》(肆)

74. 谨案户籍臧乡者市阳里有大女张倩君年卅七，子女襃年廿，子男可丘年三，葆富里囗囗囗。(73EJT37：1047A)《肩水金关》(肆)

　　昭武长印囗。(73EJT37：1047B)《肩水金关》(肆)

75. 广地毋患隧长安世葆居延中宿里公乘徐孺子年十七岁，长七尺一寸，黑色。(73EJT37：1057A)《肩水金关》(肆)

76. 建平元年十二月己未朔辛酉，橐他塞尉立移肩水金关候长宋敞自言与葆之觻得名县里年姓如牒书到，出入如律令。(73EJT37：1060A)《肩水金关》(肆)

77. 张掖橐他候印，即日啬夫丰发十二月壬戌，令史义以来门下。(73EJT37：1060B)《肩水金关》(肆)

78. 绥和二年四月己亥朔癸卯，守城尉赏移肩水金关居延卅井县索关吏自言遣所葆……(73EJT37：1067A)《肩水金关》(肆)

79. 四月乙巳北白发君前。(73EJT37：1067B)《肩水金关》(肆)

80. 囗守令史段武葆之武威金城张掖居延酒泉郡界中河津。(73EJT37：1132)《肩水金关》(肆)

81. 囗宪谓关啬夫吏据书葆妻子收责橐他界中名县爵，尽十二月，如律令。(73EJT37：1134)《肩水金关》(肆)

82. 囗已出已出葆作者步利里李就年卅，字子威。(73EJT37：1192)《肩水金关》(肆)

83. 囗葆觻得步利公乘赵明年十八，大车一两，二月甲申出囗。(73EJT37：1192)《肩水金关》(肆)

84. 囗葆云里上造曹丹年十七囗囗。(73EJT37：1217)《肩水金关》(肆)

85. 五凤四年六月戊申，橐他故□亭长符。亭长阁得葆昭武破胡里公，葆鑯得承明里大夫王贤年年十五□☑，葆昭武破胡里大女秋年十八岁。（简左侧有一刻齿）（73EJT37：1376）《肩水金关》（肆）

86. ☑……□马一匹，牝齿十五岁，高六尺□大婢益息长七尺□葆……（73EJT37：1405）《肩水金关》（肆）

87. 谨移葆出入关符☑。（73EJT37：1410）《肩水金关》（肆）

88. 橐他长吾惠葆妻屋兰宜春里大女吾阿年卅□，阿父昭武万岁里大男胡良年六十九☑。（73EJT37：1463）《肩水金关》（肆）

89. ☑子朔戊寅，东乡啬夫宗敢言之，富里周护自言为金城允吾左尉樊立葆原……☑（73EJT37：1473）《肩水金关》（肆）

90. □寅朔己酉，都乡啬夫武敢言之，龙起里房则自言原以令取传，为居延仓令史徐谭葆俱迎钱，上河农·谨案户籍臧乡者则爵上造年廿岁，毋它官狱征事当得以令取传，与谭俱谒移过所，县道河津关，毋苛留止如律令，敢言之。（73EJT37：1491）《肩水金关》（肆）

91. 居延司空佐张党葆卅井里九百同韬车一乘，马一匹，十月壬午，北啬夫丰出。（73EJT37：1509）《肩水金关》（肆）

92. 事谓关啬夫吏二所葆县里年姓，如牒书出入，尽十二月。（73EJT37：1519）《肩水金关》（肆）

93. 葆梁乐成里蔡临年廿□☑。（73EJT37：1566）《肩水金关》（肆）

94. 居延廷掾卫丰年卌葆居延平明里刘弘年十九，韬车一乘，用马一匹□，牝齿五岁，高五尺八寸，十月癸未北啬夫丰出。（73EJT37：1584）《肩水金关》（肆）

95. 居延守令董并葆居延始至里男子徐严，韬车一乘，马一匹，十月壬午北啬夫丰出。（73EJT37：1588）《肩水金关》（肆）

96. 元康二年六月戊戌朔辛亥，佐昌敢言之，遣佐常为郡将转输居延与葆同县安国里徐奴年十五岁，俱乘家所占畜马一匹，韬一乘，谨案，奴毋官狱征事，当得取传谒移过所县邑……（73EJH2：54A）《肩

水金关》（肆）

97. 七月辛巳佐常以来。居令延印。（73EJH2：54B）《肩水金关》（肆）

98. 建武三年五月丙戌朔壬子，都乡啬夫宫敢言之，金城里任安自言与肩水候长苏长俱之官，谨案，安县里年姓所葆持如牒，毋官狱征事，得以令取传，谒移过所毋苛留，如律令敢言之。（73EJF1：25）《肩水金关》（肆）

99. 居延都尉从史范宏葆（削衣）☑。（73EJF1：64）《肩水金关》（肆）

100. 朔乙卯肩水城尉毕移肩水金关千人令史李忠等自言遣葆☑……（73EJF2：45A）《肩水金关》（伍）

101. 功曹史宋敞葆子小男小子□☑。（73EJF3：65）《肩水金关》（伍）

102. 蓬火品田官民坞辟举□和毋燔薪，鄣坞辟田官举□燔三积薪和皆各如其部□火品，葆部界中民田官畜牧者见赤幡各便走近所亭鄣坞辟葆☑马驰以急疾为故。（73EJF3：81＋80）《肩水金关》（伍）

103. 要害隧长张顺保妻请年卅五，牛车一两，用牛三头。（73EJF3：89）《肩水金关》（伍）

104. 並山隧长毛诩葆作者髌得广穿里公乘庄循年卅。（73EJF3：95）《肩水金关》（伍）

105. ☑张掖城司马印葆从者龙起里赵彭年二十，十月二十五日南啬夫昌内☑。（73EJF3：109）《肩水金关》（伍）

106. 始建国元年二月癸卯朔乙巳，橐他守候孝移肩水金关居延卅井县索关吏所葆家属私使名县爵里年始牒书到入，尽十二月令史顺。（73EJF3：117A）《肩水金关》（伍）

107. 张掖橐他候印。（73EJF3：117B）《肩水金关》（伍）

108. ☑建国元年正月癸酉朔戊寅，橐他守候孝移肩水金关居延卅井县索关吏葆家属私县爵里年姓如牒书到出，尽十二月如律令。

（73EJF3：120A）《肩水金关》（伍）

109. 葆同县长息里上造张恽年卅，长七尺寸，黑色。（73EJF3：137）《肩水金关》（伍）

110. 累山亭长富隆葆昭武安信里房君实年三十五，□子女远年十二□。

大车一两☑子孙置年三岁□，用牛二头。（73EJF3：140）《肩水金关》（伍）

111. 始建国三年五月庚寅朔壬辰，肩水守城尉萌移肩水金关吏所葆名如牒书。

到出入若律令。（73EJF3：155A）《肩水金关》（伍）

112. 广地候史□□葆……年□会赦归昭武。（73EJF3：207）《肩水金关》（伍）

113. 吏所葆□□□□名县爵里年姓如牒□□☑。（73EJF3：208A）

……☑。（73EJF3：208B）《肩水金关》（伍）

114. 右大尉书吏耿昌葆妻昭武久长里耿经年二十，八月十六日北啬夫博出。（73EJF3：245＋497）《肩水金关》（伍）

115. 葆子男鞮汗里上造郑并年十三☑。（73EJF3：255）《肩水金关》（伍）

116. 广利隧长鲁武葆从弟昭武便处里鲁丰年卅□☑。（73EJF3：278）《肩水金关》（伍）

117. 置佐孙宏葆幸朋故广里公乘王尚年三十五☑从者鳒得富昌里公士张恽年十二□。（73EJF3：511＋306＋291）《肩水金关》（伍）

118. ……井县索关吏所葆名县爵里年姓名如牒书，出入如律令。（73EJF3：322A）

……印。（73EJF3：322B）《肩水金关》（伍）

119. 右大尉属韩况葆，昭武便处里公乘韩放年五十□，大车一两。

二月一日卒李。母廉年三十五□，普弟玄年十二□。用牛二头，牛二人□，谭人。况弟普年十五□，羊二人□。（73EJF3：326）

120. 始建国二年八月甲午朔丙辰，肩水库有秩良以小官印行，城尉文书事移，肩水金关居延三十井县索关吏所葆名县□。（73EJF3：327）《肩水金关》（伍）

121. 津关吏所葆名县爵里年姓如牒书到，出入如律令。（73EJF3：341A）

肩水□。（73EJF3：341B）《肩水金关》（伍）

122. 前遂大夫史鲁阳尚里庞迺葆。乐官丞印。从者尚里王伟年三十，八月丁未北啬夫昌出，轺车一乘，用马一匹，騩□齿五岁，高六尺。（73EJF3：344）《肩水金关》（伍）

123. 广利隧长鲁武葆，籴得当富里成彭年卌三，大车一两，用牛二头。（73EJF3：373）《肩水金关》（伍）

124. 广利隧长鲁武葆，籴得悉意里丁业年六十□。（73EJF3：376）《肩水金关》（伍）

125. ☑□遮队长王弘子也，弘葆，八月已丑，南啬☑（73EJF3：473）《肩水金关》（伍）

126. 始建四年十一月癸卯朔己酉，令昌敢言之，遣丞从史法昌为丞取衣用籴得与葆鉼庭里簪……谒移过所……（73EJD：6）《肩水金关》（伍）

127. 建始四年十一月癸卯朔癸丑，广地候仁移肩水金关遣葆为家私市。

酒泉郡中书到出人如律令，皆十二月癸未出。（73EJD：43A）《肩水金关》（伍）

张掖广地候印。（73EJD：43B）《肩水金关》（伍）

128. 鸿嘉四年二月丁卯朔辛未，肩水守候长谓关啬夫吏督蓬史张卿葆，从者名县爵里年姓各如牒书到，出入如律令。（73EJC：2A）《肩

129. 君印啬夫谭发□，二月辛未邮以来君前守令史宣。（73EJC：2B）《肩水金关》（伍）

130. 收葆亭长纪尊车一乘，马二匹，十月甲申出。（73EJC：337）《肩水金关》（伍）

131. ☑博葆博为丞从史过所县道河津。（73EJC：360）《肩水金关》（伍）

132. ☑候官橐他士吏阎章迎奉府自言葆，如牒书到出入，如律☑。（73EJC：523）《肩水金关》（伍）

133. ·酒泉居延仓丞葆，建始三年十一月传副。（73EJC：616）《肩水金关》（伍）

134. ☑□□□□□朔丙辰南部候长长敢言之，谨移妻子葆，敢言之。（73EJC：653）《肩水金关》（伍）

第三节　私市类文书辑解

《肩水金关汉简》收录了78件"私市"类文书，这是官府给一般的官吏和平民所用，非公务出关的通关文书，通常由乡一级政府签发，属于最低层级的通关文书。"私市"类通关文书内容大致包括四个部分，文书申请日期，申请者所在地基层官员的名字，过关缘由，申请者没有犯罪的前科的说明。通过基层官府的证明，保证出入关人员的身份信息真实，便于进行交易方面的管理和调控。

1. □嘉二年七月丁丑朔丁丑，西乡啬夫政敢言之，成汉里男子孙多牛自言为家私市居延☑传谨案，多牛毋官狱征事，当得取传谒移肩水金关居延县，索关出入毋苛留止☑七月壬戌寅雠得长守丞顺移肩水金关居延县索写移书到如律令/掾尊守□。（73EJT6：39A）（原上残，今下残）

鰥得丞印☑。（73EJT6：39B）《肩水金关》（壹）

2. ☑敢言之北曲阳里男子靳宗与大奴宜君为家私使。（73EJT9：44）《肩水金关》（壹）

3. ☑□史汤自言为家私市居延，案毋官狱事，当为☑□。（B73EJT9：52AB）《肩水金关》（壹）

4. 甘露四年四月□□朔……自言为家私市张掖酒泉郡，中与子男猛持牛车一两……毋官狱征事，当得取传，写移县道河津关毋苛留止，如律令，敢言之……之移……令/掾安世佐亲。（73EJT9：62A）

居令延印子文□印。（73EJT9：62B）《肩水金关》（壹）

5. ☑言为家私市居延☑肩水（削衣）。（73EJT9：248）《肩水金关》（壹）

6. ☑□家私市张掖酒泉郡中持牛一车一两。（73EJT10：21）《肩水金关》（壹）

7. 言为家私市张掖郡中毋官狱征事☑。（73EJT10：40A）《肩水金关》（壹）

8. 甘露四年正月庚辰朔乙酉，南乡啬夫胡敢告尉史临利里大夫陈同，自言为家私市张掖居延界中谨案，同毋官狱征事当得传，可期言之廷。正月乙酉，尉史赣敢言之，谨案。同年爵如书，毋官狱征事，当得传移过所县侯国毋苛留，敢言之。正月乙酉西鄂守丞乐成侯国尉如昌移过所如律令/掾干将令史章。（73EJT10：120A）

西鄂守丞印。（73EJT10：120B）《肩水金关》（壹）

9. 甘露四年二月己酉朔丙辰，南乡啬夫有秩过佐赖敢告，尉史宛当利里公乘陈贺年册二，自言为家私市张掖居延案，毋官狱征事，当为传移过所，关邑毋苛留，尉史幸谨案。毋征事谨案年爵。（73EJT10：121A）

章曰宛丞印。（73EJT10：121B）《肩水金关》（壹）

10. ☑广昌里男子王护自言与弟利忠为家私☑县算赋给毋官狱征事，

当得取传，谒移☑令史□世昆庆。（73EJT10：222）《肩水金关》（壹）

11. 五凤元年六月戊子朔癸巳，东乡佐真敢言之，宜乐里李戎自言为家私市长安张掖界中谨案。戎毋官狱征事，当为传谒移廷，敢言之。（73EJT10：312A）

十一月庚寅戎来。（73EJT10：312B）《肩水金关》（壹）

12. 甘露二年十二月丙辰朔庚申，西乡啬夫安世敢言之，富里薛兵自言欲为家私市张掖酒泉武威金城三辅大常郡中谨案辟兵，毋官狱征事，当得以令取传，谒移过所津关毋苛留止，如律令敢言之。十二月庚申居延守令千人属移过所，如律令/掾忠佐充国。（73EJT10：313A）《肩水金关》（壹）

13. ☑宗年卅自言为家私使居延县。（73EJT10：336）《肩水金关》（壹）

14. ☑为家私市居延与子男齐葆同县☑。（73EJT10：370）

15. 为家私使之居延原以令取金关居延县索关出入☑。（73EJT15：7）《肩水金关》（贰）

16. □□□为家私使居延原以☑苛留如律令☑如律令/□。（73EJT15：19）《肩水金关》（贰）

17. 元康二年九月丁酉朔己未，肩水候房以私行事，谓候长二生候行塞书到行候事。（73EJT21：43A）

令史利尉史义（73EJT21：43B）

18. ☑□皆自言为家私☑。（73EJT21：297）《肩水金关》（贰）

19. ☑……宗为家私市张……县邑侯国毋苛留敢言之……六月□□□兰南出……如律令。（73EJT23：230）《肩水金关》（贰）

20. 居摄二年九月辛巳朔庚寅……□□为家私使旁郡中市张掖……原以令取传谒移廷，敢言之九月……（73EJ□T23：319）《肩水金关》（贰）

21. □□□□正月庚寅朔甲午，南乡□啬夫凤佐丰敢言之，宗里公乘□□自言取传为家私使□□□□居延金关……毋官狱征事，当为传

谒，移过所毋苛留。（73EJT23：337）《肩水金关》（贰）

22. ☑为家私使之居延原以令取传·谨案就金关居延县索……（73EJT23：345）《肩水金关》（贰）

23. ☑☑隧留不私至定昏乃私☑。（73EJT23：363）《肩水金关》（贰）

24. 元寿二年七月丁卯朔辛卯，广昌乡啬夫假佐宏敢言之，阳里男子任良自言欲取传为家私使之武威张掖郡中谨案，良年五十八更赋皆给，毋官狱征事，非亡人命者，当得取传谒移过所，河津关毋苛留，如律令。七月辛卯雍令丞凤移过所，如律令。马车一两，用马一匹，齿十二岁，牛车一两，用牛二头/掾竝守令史普。（73EJT23：897A）《肩水金关》（贰）

25. 雍丞之印啬夫赏白五月己巳以来南君门下。（73EJT23：898A）《肩水金关》（贰）

26. ☑……自言为家私使☑☑。（73EJT23：1000）《肩水金关》（贰）

27. 五凤二年二月甲申朔戊子，北乡佐横敢告尉史临渠里大夫邱国自言取传为家私市张掖居延☑，当为传谒移过所县邑侯国，以律令从事，敢告尉史/佐横/二月戊子尉史☑出。☑。（73EJT24：35A）

在元年☑☑☑☑☑。（73EJT24：35B）《肩水金关》（贰）

28. 初元五年癸酉朔甲午，☑☑乡佐☑敢告尉史庞自言为家私使居延，谨案。毋官狱征事，当为传谒移，函谷关入来复传☑过所津关毋苛留，敢告尉史。（73EJT24：78）《肩水金关》（贰）

29. ☑朔丙辰，新安乡有秩文佐义敢言之，长安宜平里公乘满顺自言贤大奴便大婢利小婢宫乳为家私市居延界中，谨案。顺等年爵如书算赋☑☑。（73EJT24：132）《肩水金关》（贰）

30. 本始四年九月壬戌朔丁未，西乡有秩贤敢告尉史宜岁里上造董贲年卅五岁，正令自言为家私市……（73EJT24：262）《肩水金关》（贰）

31. 地节三年正月戊午朔辛酉，居延军候世为过所遣私从者河内郡

温庠里左通私市张掖郡中谒移过。（73EJT24：267A）

章日军候印。（73EJT24：267B）《肩水金关》（贰）

32. ☑……自言为家私使□县索关出入，毋苛留敢☑。（73EJT24：382A）

☑六月己未以☑。（73EJT24：382B）《肩水金关》（贰）

33. ☑为家私市居延。（73EJT24：487）《肩水金关》（贰）

34. □康元年十月壬寅朔庚午，都乡佐恩敢言之，孤山里张辅安乐里祝幸之自言为家私市张掖酒泉郡界中，持牛二车二两，谨案辅、幸之毋官狱征事当以令所传谒移过所，县道河津毋苛留止，敢言之。十月居延庚午守丞右尉充国移过所县道津关毋苛留止，如律令/掾萬年佐安世。（73EJT25：15A）

牛钱少十一，侯奴属十，许子方共酒廿七，□□谨使二受教须为尹计。（73EJT25：15B）《肩水金关》（叁）

35. ☑传为家私市张掖居延谨案毋官狱……（73EJT26：25）《肩水金关》（叁）

36. 地节四年三月辛巳朔己丑，西乡佐昌敢言☑私市张掖酒泉郡中□□□□。（73EJT28：46A）《肩水金关》（叁）

37. 入临豪里赵千秋自言取传为家私市长安谒☑令。（73EJT30：209）《肩水金关》（叁）

38. □定占自言为家私市张掖郡中谨案常年爵□☑。（73EJT30：243A）《肩水金关》（叁）

39. 元康四年六月丁巳朔辛酉，都乡有秩贤佐安汉敢告尉史宛☑自言为家私使张掖界中案，毋官狱征事当为传□□□□□□。（73EJT31：20A）《肩水金关》（叁）

40. 言为家私使之居延原☑□□毋官狱事当得取。（73EJT31：120）《肩水金关》（贰）

41. ☑为家私市居延原以令取☑。（73EJT31：135）《肩水金关》（叁）

42. ☑……敢告尉史□□里公乘李□自言为家私使……留……（73EJT32：29）《肩水金关》（叁）

43. 欲为私市张掖酒泉郡谨案幸之偃□☑。（73EJT32：45A）《肩水金关》（叁）

44. ☑私市张掖居延案毋。（73EJT32：63）

45. ☑朔戊午，西乡啬夫疆敢言之。利上里男子谭多自言欲为家私市张掖酒泉郡，中原以令取传，谨案户籍臧官者多爵，毋官狱征事。当得以令取传谒移过所河津关，毋苟留止，如律令敢言之。居延令登丞未央移过所，如律令/掾赦之守令史定佐。（73EJT33：39）《肩水金关》（肆）

46. 永光二年五月辛卯朔己未，都乡啬夫禹敢言之，始乐里女子惠青辟自言为家私使之居延与小奴同葆同县里公乘徐毋方偕谨案，青辟毋方庚赋给，毋官狱事，当得取传，敢言之。五月己未，删丹长贺守丞禁移过所写移，毋苟留止，如律令/兼掾嘉令史广汉。（73EJT33：40A）

删丹长印。（73EJT33：40B）《肩水金关》（肆）

47. 黄龙元年六月辛未朔壬辰，南乡佐乐敢言之，杨里公乘泠□年廿岁小未传为家私市居延，乏彭祖告移过所县道毋苟留/六月壬辰雒阳守丞殷移过所，毋苟留，如律令/掾良令史阳。（73EJT33：41A）

……（73EJT33：41B）《肩水金关》（肆）

48. ☑寅，辚得都乡啬夫褒敢言之，氐池常利里男子程放自言为家私使放桃田检有程放年爵如牒，毋官狱征事，当取得传谒移肩水。（73EJT37：52）《肩水金关》（肆）

49. ☑□普年卅七为家私市居延☑。（73EJT37：106）《肩水金关》（肆）

50. ☑家私使至□☑。（73EJT37：173）《肩水金关》（肆）

51. ☑生年卅二为家私使之☑。（73EJT37：381A）

☑张□尉□☑。（73EJT37：381B）《肩水金关》（肆）

52. ☑□私使张掖郡居延界中谨案，延年……☑。（73EJT37：400A）

☑甘陵丞之印☑。（73EJT37：400B）《肩水金关》（肆）

53. ☑□自言为家私使……（73EJT37：471）《肩水金关》（肆）

54. 五凤元年六月戊子朔己亥，西乡啬夫乐敢言之，大昌里赵延自言为家私使居延，与妻平子小男偃登大奴同婢璨绿谨案。延、平、偃登便同绿毋官狱征事当取传，乘家所占用马五匹，轺车四乘。谒移过所肩水金关居延，敢言之。六月己亥屋兰守丞圣光移过所肩水金关、居延毋苛留，如律令/掾贤守令史友。（73EJT37：521）《肩水金关》（肆）

55. 五凤三年十月甲辰朔癸酉，西乡啬夫安世敢言之，陇西始昌里知实自言以令占田居延以令予传与大奴谨，从者平里季封奉家市田器张掖、武威、金城、天水界中车一乘，马二匹谒移过所，河津关毋苛留止，如律令，敢言之。十月癸酉，居延令弘守安世移过所，如律令/掾忠佐定。（73EJT37：524）《肩水金关》（肆）

56. 元延元年九月乙丑朔丙戌，肩水千人宗移过所，遣从史赵放为私市居延，当舍传舍，从者如律令。（73EJT37：528）《肩水金关》（肆）

57. ☑自言为家私☑。（73EJT37：542A）

☑□□☑。（73EJT37：542B）《肩水金关》（肆）

58. 昌武里公乘郭弘年廿七，自言为家私市张掖郡。七月丙戌右尉光敢言之，谨案。弘年爵如书毋☑取偃师长汤移过所县邑津关毋何留，如律令/掾恩令史安。（73EJT37：692）《肩水金关》（肆）

59. 二月癸酉广地隧长尊以私印兼行候事移肩水金。（73EJT37：718）《肩水金关》（肆）

60. ……赵秋赵类自言取传为家私市张掖☑……邑侯国以律令从事敢言之……过所县邑侯国如律令掾未央/守令史相。（73EJT37：799A）

□之丞印。（73EJT37：799B）《肩水金关》（肆）

61. 黑色自言为家私市张掖正□毋何留☑。（73EJT37：880A）

……守令史□……之印☑。（73EJT37：880B）《肩水金关》（肆）

62. 常占自言为家私市张掖酒泉郡中谨案年爵，如书。（73EJT37：1014）《肩水金关》（肆）

63. 五凤三年正月戊寅朔戊子，都乡啬夫隧佐得敢言之，长阳里师乐自言为家市张掖郡中，谨案。乐毋官狱征事当为传谨，移过所，毋苛留，敢言之。正月庚寅，原武右尉憙敢言之。谨移案乐年爵如书，敢言之。尉史万正月辛卯原武守丞武移过所，如律令。掾强。佐异众。（73EJT37：1075A）

原武丞印。（73EJT37：1075B）《肩水金关》（肆）

64. 五凤四年六月庚子朔甲寅中，乡啬夫佐敢言之，嚣陵里男子习万自言欲取传，为家私使张掖、居延界中，谨案。万年五十一，毋官狱征事，当得为传。父不尊证谒言移过所，县邑毋留止，如律令，敢言之。六月己未长安守右丞世移过所县邑，毋苛留如律令。掾令史奉。（73EJT37：1076A）

章曰长安右丞印。（73EJT37：1076B）《肩水金关》（肆）

65. 五凤三年八月乙巳朔丁卯，橐他塞尉幸敢言之，遣家属私使鱳得唯官为入出符，敢言之。（73EJT37：1149）《肩水金关》（肆）

66. ☑□仁自言为家私使。（73EJH2：83）《肩水金关》（肆）

67. 符为家私市居延□☑。（73EJH2：109）《肩水金关》（肆）

68. 年卅三自言为家私使之☑谒移过所河津关出入毋掾定令史武。（73EJF1：76）

69. ☑□昌自言原以令取传为家私使之酒泉右平郡……☑。（73EJF1：84A）《肩水金关》（肆）

70. □褒自言为家私使居延☑□居延县索关出入毋□☑（削衣）。（73EJF1：104）《肩水金关》（肆）

71. 年五十一，闰月庚午兼亭长周近内☑□之敬老里男子成钱自言为家私市居延……金关。（73EJF1：118A）

☑□□□隧。（73EJF1：118B）《肩水金关》（肆）

72. 新始建国天凤上戊六年十二月庚子朔辛丑，都乡啬夫岑敢言之，错田敦德常安里男子孙康指乡自言为家私使之……过所河津关毋苛留，敢言之。(73EJF3：119A)《肩水金关》（伍）

……必必方（习子）。(73EJF3：119B)《肩水金关》（伍）

73. 始建国天凤五年八月戊寅朔戊寅朔戊寅，都乡庶士恽敢言之，客田宣成善居里男子程湛，自言为家私使之延亭郡中，谨案。湛毋官狱征事，当得以令取，传谒移过所津关毋苛，如律令，敢言之。(73EJF3：328A)《肩水金关》（伍）

74. 宜里男子王少、陈巨，皆自言欲为家私使安定武威、张掖、酒泉郡界中，谨案少、巨皆毋官狱征事，当为传谒移过所无何。(73EJF3：337)《肩水金关》（伍）

75. 延众骏里吕孝，年卅五为家私（上段文字被削）。(73EJD：23)《肩水金关》（伍）

76. ☑☑觻得☑☑里公乘毛☑，年廿三岁，车一两牛二，二月戊甲，人男☑，年十三岁为家私市张掖。(73EJD：100)《肩水金关》（伍）

▨枱五枚（73EJD：307A）廷宜秋里男子鉏偃，自言为家私使居延，毋官狱征事，当得取传谒移金关县索☑兵。(73EJD：307B)《肩水金关》（伍）

77. ☑☑家私市张掖强弩（削衣）。(73EJC：55)《肩水金关》（伍）

78. 觻得益昌里王福，年五十七，阳朔四年十月庚戌，觻得长护封致为家私市居延。(73EJC：121)《肩水金关》（伍）

结　语

　　以小农经济为主，小商品经济为辅的社会经济是汉代契约法的经济基础，它决定了汉代契约法的基本内容。汉代皇权十分强大，对社会的政治、经济、文化产生重要影响，其对契约法内容及其特点的影响通过各种契约类文书展现出来。本书对《居延汉简释文合校》《居延新简释校》《肩水金关汉简》《敦煌悬泉置出土文书》中契约类文书进行了分类整理，为研究汉代契约法观念与技术提供了必要的参考资料，使其研究可以有一个较高起点。

　　通过对契约类文书的整理，大体可以看到，汉代在契约法理念及技术方面，官府与平民之间能公平地进行买卖、借贷等交易，官府与民间形成一个有关"公平"的话语体系，这一话语体系是当前发掘法治"本土化"资源的主要路径。

　　汉代的百姓在契约的实践过程中，会约定一些预防性的保障条款，通过保证人及保证条款来保障契约的顺利履行。

　　另外，在契约的履行过程中，官府一直积极干预，以确保契约当事人的经济利益。在负债者不按时如实履行契约之债时，债主可以向官府提出申诉，要求官府强制负债者履行债务。官府接到申诉后，要进行调查核实，调查核实后，如果确定债务的存在，则会依法强制负债者履行债务。负债者无法偿还债务时，甚至官府可先行垫付，然后由负债者为官府服役来偿还债务。在负债者完全履行债务后，官府才将负债者的名字从有关簿册中注销。

　　总之，汉代契约法在中国古代契约法史上占有重要地位，它上承先秦，下启晋唐，处于承前启后的重要历史阶段。我们可以对汉简中的契约类文书进行深入研究，将其与先秦和晋唐时期进行比较，以透视汉代契约法的特点。

参考文献

1. 谢桂华，李均明．居延汉简释文合校［M］．北京：文物出版社，1987.

2. 马怡，张荣强．居延新简释校［M］．天津：天津古籍出版社，2013.

3. 甘肃省文物考古研究所．敦煌汉简［M］．北京：中华书局，1991.

4. 甘肃简牍保护研究中心．肩水金关汉简（壹）［M］．上海：中西书局，2011.

5. 甘肃简牍保护研究中心．肩水金关汉简（贰）［M］．上海：中西书局，2012.

6. 甘肃简牍博物馆．肩水金关汉简（叁）［M］．上海：中西书局，2013.

7. 甘肃简牍博物馆．肩水金关汉简（肆）［M］．上海：中西书局，2015.

8. 甘肃简牍博物馆．肩水金关汉简（伍）［M］．上海：中西书局，2016.

9. 湖北省文物考古研究所．江陵凤凰山西汉简牍［M］．北京：中华书局，2012.

10. 中国科学研究院等．武威汉简［M］．北京：中华书局，2005.

11. 胡平生．敦煌悬泉汉简释粹［M］．上海：上海古籍出版社，2001．

12．湖北省文物考古研究所．随州孔家坡汉墓简牍［M］．北京：文物出版社，2006．

13．陈直．居延汉简研究［M］．天津：天津古籍出版社，1986．

14．张德芳，等．居延新简集释［M］．兰州：甘肃文化出版社，2016．

15．俄军，杨富学．敦煌悬泉置出土文书研究［M］．兰州：甘肃教育出版社，2015．

16．李均明．秦汉简牍文书分类辑解［M］．北京：文物出版社，2009．

17．张传玺．中国历代契约粹编［M］．北京：北京大学出版社，2014．

18．李天虹．居延汉简簿籍分类研究［M］．北京：科学出版社，2003．

19．彭浩，等．二年律令与奏谳书［M］．上海：上海古籍出版社，2007．

20．［日］冨谷至．文书行政的汉帝国［M］．刘恒武，孔李波译．南京：江苏人民出版社，2013．

参考文献

后 记

　　到吉林大学古籍研究所跟随朱红林教授做博士后研究之后，我开始思考在站期间的研究课题。在此之前，我在霍存福教授影响下，一直对中国古代契约法非常感兴趣，硕士论文和博士论文都是围绕这一方向展开的，进入博士后流动站之后，朱红林教授建议我结合古籍研究所的学术资源，进行汉代契约类文书的整理与研究，并给我指定了一系列的简牍文献。

　　在开始研究之前，我将汉代契约类文书的相关文献进行了系统、全面的梳理，便于厘清研究思路。20世纪90年代以前，专门研究汉代民法的成果并不多见，更不用提契约法了；20世纪90年代以后，关于汉代契约法主要在民法史的论述当中有些许体现。把契约法作为单独一个部分，充分利用简牍资料来研究汉代契约法理念及技术的成果并不多见。陈直先生在《居延汉简研究》中论述了贳卖衣物的券约，指出汉代"责"，就是今天的"债"。通过对资料的整理，我发现汉代契约文书的沽酒条款是私力救济的一个体现，作为一个保证条款保证契约的顺利履行。

　　同时，随着国内出土的汉简数量的增加，对于简牍文字整理考释方面的成果也在陆续出版，而对汉代契约法观念与技术进行整体、全面考察的成果还没有，因此，朱红林教授建议我做汉简中契约类文书的整理，为学界今后进一步的研究提供必要的资料。因为西北地区出土汉简的数量较多，且具有一定的代表性，所以将地域限定为西北。

　　在整理西北汉简中契约类文书的过程中，非历史学出身的我遇到了很多的困难，如资料搜集不全、不懂字词含义等，但是汉代开放、务实、传承、创新方面的特质吸引着我继续研究，合作导师朱红林教授时时地鞭策和指引让我坚定了研究的信心，在此深表感谢！

　　最后，希望西北汉简中契约类文书的整理与辑解能为今后进一步探讨汉代契约法理念及技术提供资料基础。